VALTER ROMANI

AFFRONTARE LA SCUOLA

Come Migliorare i Risultati Scolastici Riscoprendo l'Amore per la Conoscenza e il Rapporto con i Professori

Titolo

"AFFRONTARE LA SCUOLA"

Autore

Valter Romani

Editore

Bruno Editore

Sito internet

http://www.brunoeditore.it

Tutti i diritti sono riservati a norma di legge. Nessuna parte di questo libro può essere riprodotta con alcun mezzo senza l'autorizzazione scritta dell'Autore e dell'Editore. È espressamente vietato trasmettere ad altri il presente libro, né in formato cartaceo né elettronico, né per denaro né a titolo gratuito. Le strategie riportate in questo libro sono frutto di anni di studi e specializzazioni, quindi non è garantito il raggiungimento dei medesimi risultati di crescita personale o professionale. Il lettore si assume piena responsabilità delle proprie scelte, consapevole dei rischi connessi a qualsiasi forma di esercizio. Il libro ha esclusivamente scopo formativo.

Sommario

Introduzione	pag. 5
Capitolo 1: Come imparare a credere in te stesso	pag. 8
Capitolo 2: Come scalzare le credenze limitanti dei professori	pag. 29
Capitolo 3: Come studiare conservando la popolarità nel gruppo	pag. 43
Capitolo 4: Come fare del tuo professore il tuo più grande alleato	pag. 64
Conclusione	pag. 87

Introduzione

A mio figlio Pierluigi sono solito dire che la cultura è l'unica cosa che nessuno ti può togliere nella vita e fra qualche anno anche la mia piccola Giulia mi sentirà pronunciare questa frase.

La cultura è il prodotto dell'amore per la conoscenza il quale è a sua volta figlio della curiosità. Del resto l'uomo nasce curioso e penso che questo sia scritto nel suo DNA. Credo inoltre che sia la curiosità l'elemento che ha maggiormente caratterizzato l'evoluzione della nostra specie.

Tuttavia se poniamo la nostra attenzione sul tempo che durante la nostra vita trascorriamo ad apprendere, notiamo che tra un adulto e un bambino c'è una differenza abissale.

Sembrerebbe esistere un'età in cui il cervello di un adulto comincia ad atrofizzarsi e inizia a rifiutare ogni ulteriore forma di apprendimento.
Alla luce di ciò io sento di essere uno dei pochi fortunati che ancora resiste. Nonostante abbia da un pezzo superato i 40 anni ho ancora tanta voglia di imparare e passo molto tempo a leggere e studiare argomenti e materie che mi piacciono. La cosa che a molti sembra strana è che... a me piace studiare. Ma è sempre stato così? E perché per la maggior parte delle persone, allora, lo studio è noioso e faticoso?

Credo che parte della responsabilità sia della scuola e del sistema educativo in generale, impostato sul "dovere". Termini come "compiti", "obbligo di frequenza" ecc. sono rappresentativi di una terminologia che da sola può far comprendere il perché lo studio diventi col tempo qualcosa di poco piacevole per i ragazzi.

In questo libro mi rivolgo quindi a quei giovani che sono ancora a scuola e che magari vivono male la loro vita scolastica trascorsa passivamente all'interno di un sistema che non riesce a stare al passo con l'evoluzione della società. Mi rivolgo a quei ragazzi che pensano di valere di più di quanto è rappresentato dai voti trascritti sui registri dei loro professori.

Se un giorno anche un solo lettore avrà imparato da questo ebook ad amare lo studio e la cultura come la amo io, allora sentirò di aver dato un significativo contributo alla nostra società. Magari quel lettore potrà a sua volta trasmettere questo amore ai suoi figli e questi, a loro volta, alle generazioni future. Ogni grande cambiamento nasce da un semplice gesto, ogni grande albero, da un piccolo seme.

Spero che la lettura sia per te piacevole e fonte di ispirazione. Se seguirai la strada che ti indicherò, scoprirai di avere dentro di te risorse che non pensavi di avere. A quel punto capirai che il tuo successo dipende solo da te… dalla tua voglia di imparare… dalla tua curiosità.

In questo libro troverai tutte le strategie efficaci e di pronto utilizzo che ti sono necessarie. Ma queste ti porteranno al successo solo se saprai applicarle con impegno e determinazione. Visto che stai leggendo questo ebook stai facendo il primo passo nella direzione giusta. Faccio il tifo per te!

Buona lettura!
Valter Romani

CAPITOLO 1:
Come imparare a credere in te stesso

Immagino che se hai comprato questo libro è perché vorresti avere più successo nello studio e, forse, già percepisci la piacevole sensazione che si prova quando i professori sono schierati dalla tua parte e quando hanno fiducia in te. Sai anche che questo vorrebbe dire una vita più facile a scuola e migliori risultati. Ho pensato giusto?

Bene. Sono altresì certo che questo libro sortirà degli ulteriori effetti non preventivati. Non ti preoccupare, parlo di effetti collaterali positivi, di trasformazioni nella tua vita che ti porteranno a ottenere dei risultati che vanno eccezionalmente oltre l'obiettivo che ti sei posto acquistando questo libro.

Infatti, man mano che proseguirai nella lettura comincerai ad alimentare la convinzione che tu vali molto di più di quanto fino a questo momento ti è stato fatto credere dal "sistema" che ti ospita (scolastico, familiare, sociale ecc.)

Questo aumenterà il livello di autostima e di fiducia nelle tue potenzialità. Del resto per avere successo in quello che fai, devi avere autostima e fiducia in te stesso e nei tuoi mezzi. Uno dei segreti del successo duraturo è, infatti, il seguente:

SEGRETO n. 1: se vuoi che il tuo interlocutore creda in te, ci devi credere tu per primo. Se non credi in te stesso, ti si leggerà negli occhi.

In questo primo capitolo parleremo, infatti, del credere e delle sue conseguenze nella vita come nella scuola. Una volta raggiunta la massima fiducia in te stesso e conquistata quella degli altri, sarà per te più facile accettare sfide che non pensavi di essere in grado di affrontare. In questo modo apprenderai cose che non avresti mai imparato se non avessi cambiato modo di pensare e atteggiamento rispetto alla vita in generale e all'apprendimento in particolare. Ti accorgerai così di essere caduto in un vortice, in un circuito virtuoso che si autoalimenta: apprendi, provi e riprovi, ci riesci, assapori il successo e quindi vuoi apprendere ancora...
Così facendo ti innamorerai dello strumento che in questo caso ti starà dando il successo: l'apprendimento, un amore che non ti tradirà mai.

Hai fatto caso a una cosa mentre ti proiettavo lo scenario che stiamo per andare a creare insieme? Non ho mai parlato di studio, ma di apprendimento. Sono due parole che esprimono due aspetti strettamente collegati ma sostanzialmente diversi. Quante volte ti è capitato di passare del tempo a studiare per poi renderti conto che avevi appreso poco o nulla? E quante cose nella vita hai imparato senza studiare? Capisci ora quello che intendo dire? A me interessa che tu apprenda, meglio ancora se con il minimo sforzo.

Questo percorso verso il tuo successo scolastico comincia con l'affrontare un primo passo fondamentale: le tue credenze riguardo la scuola e lo studio. Dovremo cercare di individuarle e, se ci accorgeremo che queste possono rappresentare un ostacolo al tuo successo, dovremo trovare il modo di risolvere il problema.

A questo punto ti starai forse chiedendo come faccio a sapere che hai delle credenze limitanti riguardo l'apprendimento e la scuola. Infatti, non lo so. Anche questa è semplicemente una credenza, una mia credenza (tutti ne abbiamo).

Mi spiego meglio. Io credo fermamente che ogni uomo che non soffra di sindromi particolari, libero (che non sia cioè in catene) e che lo voglia, sia capace di apprendere qualsiasi cosa, se trova il giusto percorso graduale di apprendimento (un buon libro, un buon corso o un buon insegnante). Credo questo perché so che ognuno di noi è dotato di un cervello le cui immense potenzialità sono ormai state dimostrate dai più grandi scienziati. Non credo quindi che esistano persone portate più per la matematica che per l'italiano. Tutti possiamo avere successo in qualsiasi materia. Ma su questo ci torneremo.

Partiamo quindi dal presupposto (se così non è, prendilo come un utile esercizio) che se stai leggendo questo libro probabilmente vuoi migliorare la tua situazione scolastica e questo potrebbe voler dire che non sei soddisfatto dei tuoi risultati attuali. Se quindi non sei già un drago a scuola, essendo anche tu dotato di cervello e presumibilmente libero, sono costretto a pensare che qualcosa ti stia ostacolando. Questo qualcosa non può che essere una credenza limitante. Se a ciò aggiungiamo che forse anche qualche tuo professore ha acquisito delle credenze limitanti riguardo le tue capacità o la tua voglia di fare, il gioco è fatto: il risultato della partita è noto già prima del calcio d'inizio. Ma anche questa è solo una mia convinzione, un'altra mia credenza.

Ma cosa sono le credenze? Come nascono? Che fondamento di verità hanno? Cercherò qui di risponderti utilizzando conoscenze che riguardano la PNL (programmazione neuro linguistica) una disciplina che si occupa proprio dello studio della soggettività.

Le credenze appartengono, infatti, alla nostra sfera soggettiva e quindi non sono vere o false in senso assoluto. Sono vere solo per noi ma, in quanto tali, da noi accettate come un fondamento della nostra conoscenza e della nostra stessa esistenza. È facile verificare questa cosa. Se, infatti, ascolti le persone con attenzione quando parlano, ti accorgerai che queste, di tanto in tanto, asseriscono dei concetti considerandoli come delle verità assolute, fatti che magari per te non sono tali. Probabile che tu nel rispondere sostenga posizioni diverse che potrebbero rappresentare in tal caso le tue verità assolute.

Ma se ognuno di noi ritiene di possedere le sue verità e le considera assolute, questo non basta definitivamente a convincerti che in fondo le credenze sono un qualcosa di soggettivo? O forse sei anche tu un altro di quelli che ritiene che ciò che lui crede sia la verità?

Ecco... noi che studiamo PNL e che "crediamo" nei suoi presupposti, chiamiamo credenze le nostre verità soggettive. Con un pizzico di umiltà sappiamo riconoscere le nostre convinzioni e le consideriamo vere solo limitatamente alla nostra sfera personale, senza cioè tentare sempre e necessariamente di convincere gli altri di quello che noi riteniamo giusto. Ciò crea i giusti presupposti per una maggiore disposizione verso l'ascolto delle "verità" altrui.

Le credenze nascono dal nostro vissuto o dall'esperienza dei nostri genitori, insegnanti, amici. Magari a tua madre è capitato di vedere al telegiornale che un aereo si è schiantato e ha sviluppato la fobia di volare. Magari ti ha trasmesso questa fobia o quella dei ragni o dei serpenti. Concorderai con me sul fatto che tutto ciò non è razionale. Infatti, le statistiche ci dicono che un aereo è molto più sicuro dell'auto su cui sali ogni giorno.

Ti faccio un altro esempio. Il tuo professore di matematica alle medie ti vedeva sempre distratto e ha convinto te e i tuoi genitori che non sei portato per la matematica. Una persona esperta di comunicazione si sarebbe magari accorta che il prof.era cinestesico mentre tu sei visivo e quindi ti annoiavi a sentirlo parlare. Non ti preoccupare se non hai compreso l'ultima frase. Questa è ancora PNL e se approfondirai il suo studio capirai tante cose interessanti.

Quando parlo di credenze mi sto riferendo a quelle convinzioni basilari e difficilmente scardinabili che tutti hanno e che per come sono strutturate potrebbero creare dei limiti comportamentali nella persona.

Come detto, una credenza ha poco di razionale. Anche quando dimostriamo al nostro interlocutore che la convinzione non è "logica" noteremo spesso questi andare in chiusura, barricarsi dietro le sue posizioni con giustificazioni spesso poco comprensibili del tipo: «È così e basta!»

Inutile contrastare una credenza, meglio andare oltre o cambiare argomento se ci teniamo a mantenere un rapporto empatico con il nostro interlocutore. È importante divenire consapevoli che una credenza molto difficilmente si può smontare attraverso una disquisizione verbale. Esistono delle tecniche per riuscirci. Vedremo più avanti qualche esempio.

Di una cosa è bene in definitiva che tu ti convinca: le credenze non sono vere o false, sono solo credenze. Sono vere per te ma non è detto che lo siano per gli altri. Da ciò consegue un corollario:

SEGRETO n. 2: visto che le tue credenze le hai create da te (più o meno inconsciamente) vuol dire anche che le puoi modificare, eliminare o sostituire.

Infatti, un presupposto fondamentale della PNL è: **la mappa non è il territorio**. Vuol dire che ciò che noi pensiamo attiene a una nostra mappa mentale che, in quanto tale, è soggettiva. Quindi, non è, né non potrebbe mai essere, la verità assoluta.

Ma le credenze rappresentano sempre un ostacolo nella nostra vita? Assolutamente no. Le credenze, in effetti, ce la semplificano. Ci permettono di fare delle scelte senza dover ogni volta riconsiderare tutto il nostro vissuto, di valutare da capo ciò che è giusto e ciò che è sbagliato, di distinguere ciò che è pericoloso da ciò che non lo è, ciò che amiamo da ciò che odiamo, ciò che crediamo di essere da ciò che crediamo di non essere ecc.

L'impatto più negativo che una credenza può avere sulla nostra vita dipende dal seguente fatto: **se io credo che una cosa sia impossibile non tenterò mai di metterla in atto**. È a questo tipo di credenza cui vogliamo rivolgere la massima attenzione.

Per proseguire nel nostro percorso diventa, infatti, fondamentale distinguere le credenze che ti limitano (non sono portato per la matematica; non imparerò mai a nuotare; ai professori non importa nulla degli studenti ecc.) da quelle che invece ti offrono opportunità, che ti potenziano (posso imparare qualunque cosa mi piaccia; sono un drago con la matematica ecc.)

Ora rifletti un attimo sulle credenze che tu stesso hai sedimentato durante la tua vita nella tua mente e prova a elencare su un foglio di carta quelle che ti vengono in mente. Te ne suggerisco qualcuna di quelle più frequenti.

Credenze limitanti:

1) Non sono portato per la matematica/italiano/ecc.;
2) Il prof. di matematica ce l'ha con me;
3) Ai miei non interessa nulla se studio o meno;
4) I miei compagni di classe pensano che sono un secchione;
5) Non ho capacità di concentrazione;
6) Non ho memoria;
7) Con le ragazze sono uno sfigato.

Credenze potenzianti:
1) Nel calcio sono un campione;
2) In matematica sono un drago;
3) Posso imparare ciò che voglio;
4) Con le ragazze ci so fare;
5) Il prof. di italiano crede che sono in gamba.

La sfera d'influenza.
Abbiamo detto che le credenze si possono cambiare. Ma come? Vediamo una tecnica. Una volta stilato il tuo elenco di credenze ti propongo di fare questa cosa. Per ognuna delle credenze che hai individuato come limitanti prova a scrivere quella che secondo te potrebbe essere una credenza che abbia lo stesso significato ma che ti restituisca il controllo sul problema. Mi spiego meglio.

Prova, infatti, a vedere cosa succede se ad esempio invece di dire: «Non so la matematica perché non sono portato», tu dicessi a te stesso: «Non so la matematica perché non me l'hanno mai saputa spiegare, ma se trovo un buon libro o un buon insegnante e mi impegno a studiarla, posso impararla».

Sostituire la seconda credenza alla prima non ti fa diventare automaticamente un matematico, ma ti restituisce il controllo dei tuoi risultati. Finché, infatti, continui a dire di non essere portato per la matematica la cosa rientra nella tua "sfera di coinvolgimento" ma è fuori dalla tua "sfera di influenza".

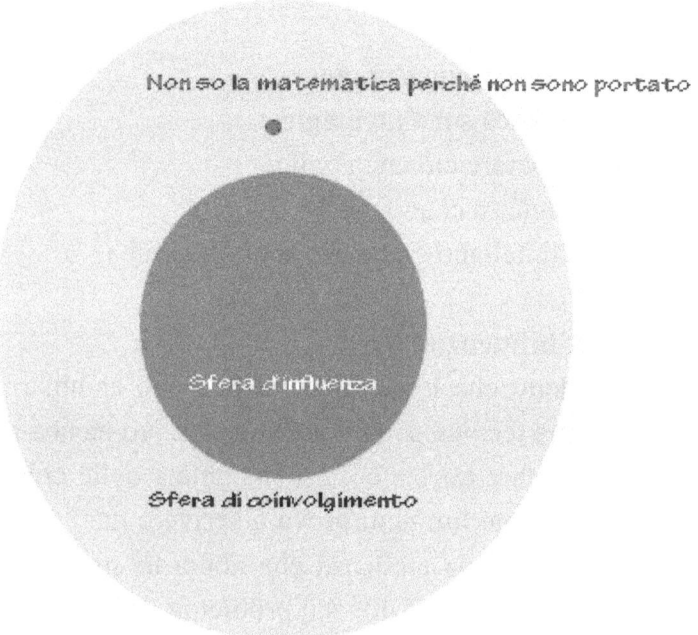

Si definisce sfera di coinvolgimento l'insieme degli eventi che accadono nel mondo e che in un certo qual modo ti coinvolgono. Due macchine che in questo istante si tamponano a New York rappresentano un evento che sicuramente è esterno alla tua sfera di coinvolgimento.

Se il governo aumenta l'iva dal 20 al 21% sicuramente questa cosa rientra invece nella tua sfera di coinvolgimento (i prezzi al consumo aumentano quasi del 2%). Se tu a questo punto facessi parte del governo questo fatto rientrerebbe anche nella tua sfera d'influenza, cioè nell'insieme delle cose che puoi in qualche modo influenzare con le tue azioni. Ma dato che probabilmente non è così, l'andamento dell'iva è esterno alla tua sfera d'influenza. Nella tua sfera d'influenza rientrano quindi fatti che dipendono anche da te, su cui puoi agire: andare d'accordo con gli altri, influenzare le persone, alzarsi presto la mattina, mangiare poco o tanto ecc.

Nel momento stesso in cui sostituisci alla credenza «non so la matematica perché non sono portato», la nuova credenza «non so la matematica ma posso impararla», la tua sfera d'influenza si espande. Il tuo cervello si comincia a convincere che può fare di più di quanto credeva di poter fare. Con il tempo questa credenza (potenziante) si radica nella tua mente e va a sostituire la precedente credenza limitante.

Ricorda che il tuo cervello accetta sempre di buon grado istruzioni che ti portano a vivere meglio, da ovunque esse vengano.

Per quale motivo allora la gente tende a fare il contrario? Perché porta spesso i fatti della vita dall'interno verso l'esterno della sfera d'influenza? A mio avviso questo accade per due motivi: il primo perché la gente tende a confondere la parola "responsabilità", che è un termine che ha accezione neutra, con la parola "colpa", che invece ha un'accezione negativa. Quindi non avere responsabilità sugli eventi della propria vita vuol dire non avere colpe relativamente ai risultati che non ci soddisfano.

Il secondo motivo è legato al fatto che assumersi una responsabilità vuol dire spesso mettersi nella condizione di dover fare e per molti fare vuol dire fatica. Quindi, chi non si assume responsabilità fatica meno ma quel poco che fa senza una regia ben precisa spesso va a suo scapito e a vantaggio di altri.

SEGRETO n. 3: se nella vita vuoi avere successo, devi cercare, per quanto ti è possibile, di espandere la tua zona d'influenza e di focalizzare i tuoi pensieri verso questa.

Facci caso… tante sono le persone che non fanno altro che parlare di cose che le coinvolgono ma che non possono influenzare: la politica, il calcio, il gossip… Questo vuol dire concentrare il proprio focus all'esterno della propria sfera d'influenza. Per questo motivo molte di queste persone passano il tempo a lamentarsi: perché si sentono impotenti, anzi si allenano per esserlo.

Ti fornisco un ulteriore esempio, appartenente ancora al contesto scolastico. A volte capita che tra un professore e uno studente non corra buon sangue e allora magari senti lo studente pronunciare frasi come: «Il prof. di italiano ce l'ha con me». Lo studente, in questo caso, è portato ad attribuire tutta la responsabilità al professore, non sapendo che facendo così perde ogni controllo sui risultati: il ragazzo si sta concentrando su un aspetto appartenente alla propria sfera di coinvolgimento e lo crede esterno a quella d'influenza.

Prova tu, per un attimo, a spiegare il disaccordo con il prof. d'italiano per mezzo di una frase che, invece, ti permetta di espandere la tua sfera d'influenza e riprendere il controllo del problema.

Ci sei riuscito?

Te ne fornisco io una: «Il prof. di italiano nota che io snobbo lui o la sua materia e crede di conseguenza che io non gli dia la giusta importanza. Per questo motivo ce l'ha con me». Una tale asserzione giustificherebbe l'atteggiamento del professore nei tuoi confronti ma riporterebbe a te la responsabilità di tutto. In tal modo torna a te la possibilità di agire sul contesto nel tentativo di cambiarlo a tuo piacimento. Puoi, ad esempio, provare a ribaltare le cose provando a convincere il prof. che hai una buona opinione di lui o che reputi la sua materia importante o interessante.

Il potere delle domande.
Un'altra tecnica per smontare le credenze limitanti è quella che si basa sull'uso efficace delle domande.

Finora ho spesso parlato della credenza limitante: «Non sono portato per la matematica». Ma ora è il momento che io ti chieda: «Hai mai veramente pensato di non essere all'altezza di affrontare quanto ti veniva chiesto a scuola?»

Infatti, se vai male a scuola, magari puoi cambiare sezione, indirizzo di studi, scuola, ma se nel profondo sei convinto di non essere all'altezza del tuo compito, fallirai ogni volta.

Per questo motivo è fondamentale analizzare qui e ora le tue convinzioni riguardo lo studio. Prova a rispondere a queste domande:

1. «Hai mai pensato di non essere portato per qualche materia in particolare?»
2. «Se si, quale?»
3. «Cosa ti fa pensare che quella materia non è il tuo forte?»
4. «Quando hai realizzato questa cosa?»
5. «Hai mai pensato invece di essere più portato per qualche altra materia?»
6. «Se si, quale?»
7. «Cosa ti fa pensare questo?»
8. «Quando hai realizzato di avere questa propensione?»

Imparare a porti le giuste domande è essenziale se vuoi portare alla luce le tue vere potenzialità. È solo ponendoti le giuste domande che comincerai a renderti conto che le tue credenze affondano le loro radici su fatti per lo più inconsistenti.

Ma torniamo proprio all'esempio della matematica. Supponiamo che tu abbia una credenza limitante a riguardo (o riguardo un'altra materia). Cosa succede, di solito, ogni volta che nella tua mente passa il pensiero: «Non so la matematica perché non sono portato?»

Probabilmente questo pensiero verrà seguito da altri che non faranno altro che confermare il primo. Pensieri del tipo: «Già... è vero. Agli ultimi tre compiti in classe ho preso tre insufficienze», oppure: «Piuttosto che studiare matematica preferirei farmi camminare addosso da un esercito di formiche rosse», oppure ancora: «Il prof. alle medie me lo diceva sempre: lascia stare la matematica, non è per te».

È proprio ripetendo a te stesso frasi come queste che puoi aver costruito e consolidato una credenza limitante come quella di cui stiamo parlando.

Immagina invece per un attimo se il tuo cervello avesse sempre e in ogni modo respinto e contrastato continuamente pensieri o fatti quali quelli da me indicati. Pensa se il giorno che il prof.ti avesse trovato distratto durante la sua lezione e avesse asserito la tua incapacità nella sua materia tu avessi risposto: «Scusi professore, ma ho saltato un paio di sessioni di studio a casa per problemi familiari e ora non riesco più a seguire il filo della materia. Le posso chiedere una mano per rimettermi in pari con le lezioni?»

Pensa a cosa succederebbe se ogni volta che nel tuo cervello passasse un pensiero del tipo: «Non sono capace di imparare la matematica», tu lo contrastassi con un altro del tipo: «Ma chi lo dice che non sono portato? Devo solo trovare il modo di studiare tutto da capo su un libro più semplice. Devo solo convincere il prof. a darmi un po' di tempo per recuperare».

Quando tu stesso o qualcun altro ti descrive come "limitato" in qualcosa, ti consiglio di reagire sempre con domande del tipo:
1) «Ma chi lo dice?» Una tale domanda è utile per smontare la fonte dell'asserzione;
2) «Ma sei sicuro che sia così?» A volte disseminare il dubbio su qualcosa che qualcuno crede vero è già un primo buon passo

nella direzione giusta;
3) «Pensi che sia stato o sarà sempre così?» Un momento di defaillance può capitare a tutti;
4) «Pensi che se sono bravo in italiano io non possa trovare il modo di diventare bravo anche in matematica?» Prenditi tempo... Proiettati al di là dell'ostacolo.
5) «Pensi che se non so fare una cosa la responsabilità è solo mia o forse lo è anche di chi non è riuscito ad insegnarmela?» Non assumerti da solo tutta la colpa dei tuoi fallimenti. Prenditi però la tua parte di responsabilità e lavora su quella per risalire la china.

Ricorda che:

SEGRETO n. 4: chi domanda conduce. Quando ti accorgi che stai parlando da troppo tempo (agli altri o semplicemente a te stesso), fermati e prova a porre una domanda. Rompi lo schema.

Inizia a condurre la tua vita e non permettere ad altri di condurla al posto tuo verso obiettivi che non sono i tuoi, anche se lo fa "per il tuo bene". Parla con queste persone e chiarisci loro cosa intendi tu per "bene".

L'eccezione che conferma la regola
Un'altra tecnica semplice per dimostrare la fallacia di una credenza, è quella di dimostrare con i fatti che non è vera (quando è possibile).

Allo scopo di comprendere meglio questa tecnica voglio parlarti della prova del *firewalking* che si effettua in alcuni corsi di motivazione. Detta in italiano prende il nome di pirobazia e consiste nella camminata sui carboni ardenti. Lo scopo di questa prova è quello di creare una metafora che possa concentrare simbolicamente in sé tutte le credenze limitanti del tipo: «Per me è impossibile fare…»

La paura del fuoco è per l'uomo una paura ancestrale, per cui se vado a spiegare ad un partecipante che la prova è superabile o se anche gli mostro con il mio esempio che si può fare, il mio parlare si scontrerà sicuramente con le più forti resistenze interiori del mio interlocutore. Nonostante le mie parole, egli continuerà ad avere paura di poggiare i piedi sulle braci accese.

Tuttavia, nel momento in cui egli supererà la prova, avrà dimostrato a se stesso (e soprattutto al suo inconscio) che È POSSIBILE CAMMINARE SUL FUOCO!
Il verificarsi di questo evento costituirà una sorta di tarlo nel sistema di credenze del soggetto, che sarà da quel momento più facile da scardinare (ove necessario ovviamente).

È come se l'inconscio si chiedesse: «Ma se pensavo impossibile camminare sul fuoco e l'ho fatto, quante cose penso ancora che siano impossibili quando magari invece non lo sono?»

E da quel momento si apre per il nostro *firewalker* un nuovo mondo di opportunità che nasceranno semplicemente dal fatto che questi potrà cominciare a chiedersi: «...e se invece fosse possibile?»

Di solito quindi l'efficacia della dimostrazione (di inconsistenza della credenza) è tanto maggiore quanto più è forte la rottura di schema che andiamo ad utilizzare.

Torniamo al nostro esempio della matematica. Supponiamo che tu creda di non essere portato. Eccoti una strategia per diventare un grande e convinto esperto di questa materia. Fai quello che ti sto per dire senza trascurare nulla: Prendi il tuo libro di matematica o quello di tuo fratello/sorella se preferisci. Aprilo alla prima pagina e leggi il primo capoverso del primo capitolo.

Leggilo più volte finché non capisci perfettamente il suo significato. Qualunque esso sia, anche se si tratta del saluto dell'autore ai lettori. A questo punto alzati in piedi e a voce alta esclama: «Ho capito tutto quindi sono un genio della matematica».

Procedi in modo analogo con il secondo capoverso. Probabilmente paragrafo dopo paragrafo, capitolo dopo capitolo, comincerai a comprendere argomenti sempre più difficili. Ove non riuscissi da solo a comprendere il capoverso corrente, fatti aiutare: chiedi spiegazione a chiunque (tuo fratello, il tuo prof. ecc.), cerca su Google o su altri testi. Non andare avanti finché non hai capito ogni singolo capoverso e non dimenticare mai di esclamare in ogni caso alla fine di ognuno di essi: «Ho capito tutto quindi sono un genio della matematica».

Ti posso assicurare che questo metodo funziona nel 100% dei casi e se procedi dritto, alla fine sarai veramente un super esperto di matematica. La tecnica funziona con qualsiasi materia, dalla matematica al cinese. È solo una questione di perseveranza. Provaci e anche tu acquisirai la credenza che ho io: «Tutti possono imparare qualsiasi cosa».

Attraverso lo studio della PNL si possono apprendere tecniche molto più sofisticate per cambiare le proprie credenze limitanti (vedi ristrutturazione).

Mentre cerchi di comprendere le radici delle tue credenze, per chiudere questo capitolo voglio raccontarti qualcuna delle esperienze che hanno contribuito alla formazione delle mie convinzioni riguardo lo studio: credenze che non potrebbero essere migliori.

Un giorno il mio maestro in terza elementare pronunciò questa frase: «Un uomo che sa due lingue vale due uomini». Questa frase condizionò profondamente il bambino che ero, diventando per me una credenza (certamente potenziante) che mi ha portato a sviluppare la passione per lo studio delle lingue.

Oggi ne parlo sette ma la mia credenza è cambiata. Questo dipende dal fatto che nella vita ho conosciuto molte persone che come me parlavano diverse lingue ma, tra questi, alcuni sembravano essere veramente delle persone sciocche. Rispetto ad altri però, avevano la possibilità di esprimere le loro sciocchezze in più lingue. Ancora oggi tuttavia ringrazio il mio maestro per avermi inoculato quella credenza.

RIEPILOGO DEL CAPITOLO 1:
- SEGRETO n. 1: Se vuoi che il tuo interlocutore creda in te, ci devi credere tu per primo. Se non credi in te stesso, ti si leggerà negli occhi.
- SEGRETO n. 2: Visto che le tue credenze le hai create da te (più o meno inconsciamente) vuol dire anche che le puoi modificare, eliminare o sostituire.
- SEGRETO n. 3: Se nella vita vuoi avere successo, devi cercare, per quanto ti è possibile, di espandere la tua zona d'influenza e di focalizzare i tuoi pensieri verso questa.
- SEGRETO n. 4: Chi domanda conduce. Quando ti accorgi che stai parlando da troppo tempo (agli altri o semplicemente a te stesso), fermati e prova a porre una domanda. Rompi lo schema.

CAPITOLO 2:
Come scalzare le credenze limitanti dei professori

Penso che quanto leggerai in questo capitolo ti rinfrancherà un po' dal senso di colpa che spesso accompagna i ragazzi che non riescono a ottenere a scuola i risultati che vorrebbero. Questo perché sono personalmente convinto che l'apprendimento di un discepolo sia responsabilità del maestro. È lui che deve individuare la chiave attraverso la quale appassionare il suo allievo all'apprendimento.

Forse il problema sta nel fatto che ci sono sempre più insegnanti e meno maestri. Del resto maestro è colui che possiede la maestria in ciò che insegna, colui che ha i mezzi e le capacità per indottrinare i suoi discepoli. Maestro viene chiamato il pittore, lo scultore, il regista e l'attore dopo una vita di lavoro e di esperienza. Maestro è colui che insegna il judo e il karate. La parola maestro induce senso di rispetto, di disciplina. Se un giorno ti capiterà di insegnare ricordati queste parole.
Anche se pochi sono gli insegnanti che riescono a essere considerati maestri sono altresì convinto che ogni insegnante in cuor suo aspiri ad esserlo.

Uno dei problemi che a mio avviso rendono il nostro sistema scolastico poco efficace è dato dal fatto che questo è privo, nella maniera più totale, di organi che si occupino di valutare la qualità dell'operato dei suoi docenti. Se del resto tu coltivassi le zucchine e queste fossero brutte, probabilmente il mercato non le comprerebbe. Se producessi bulloni in una catena di montaggio e nessuno li contasse, probabilmente perderesti interesse in quello che fai e ne produrresti sempre meno. Se tu studi e nessuno ti interroga, probabilmente studierai con sempre minor impegno. Se insegni e nessuno valuta la qualità del tuo insegnamento, probabilmente investirai sempre meno tempo nel preparare le tue lezioni.

Nel paragrafo precedente ho ripetuto più volte la parola "probabilmente" perché come in tutte le cose c'è sempre l'eccezione che conferma la regola.

Ciò detto, partiamo dal presupposto che se gli insegnanti che hai non sono i migliori in assoluto non possiamo aspettarci che questi lo diventino. Se vuoi raggiungere il risultato di conquistarti una buona posizione scolastica in tempi ragionevoli dobbiamo prendere il meglio che il sistema ci offre.

Diamo quindi per scontato che, anche se alcuni professori non hanno uno stile comunicativo motivante per gli studenti (anzi spesso è demotivante), nelle loro intenzioni costoro desiderano che i loro studenti portino a casa dei buoni risultati. Quindi...

SEGRETO n. 5: se vuoi avere successo nella vita accetta sempre di buon grado le critiche delle persone che desiderano

la tua crescita, anche quando non le sanno esprimere nella maniera per te più costruttiva. Prendi da queste critiche ciò che c'è di buono e non far caso alla forma.

Un'altra carenza di alcuni docenti è quella relativa al fatto che la maggior parte di essi non conoscono la differenza tra sfera di coinvolgimento e sfera d'influenza. Ora sai bene anche tu cosa comporti questo fatto. Comporta necessariamente che il prof. sarà portato a deresponsabilizzarsi riguardo allo scarso risultato dei suoi studenti e potrebbe dire: «Vanno male perché non studiano». Se ci fosse un organo di valutazione del loro operato probabilmente da questo partirebbe qualche domanda: «E perché non studiano? Di chi è il compito di motivarli verso lo studio?» Ma sorvoliamo ancora una volta.

Noi sappiamo che l'apprendimento dello studente è il risultato della combinazione di due elementi fondamentali: la capacità d'insegnamento del docente e la qualità dello studio dello studente. La quantità dello studio diventa importante solo quando la qualità ha raggiunto una certa soglia.

Come già detto, nella vita di un docente non esiste un momento in cui la qualità del suo insegnamento viene istituzionalmente sottoposta a valutazione. Perché mai quindi costui dovrebbe impegnare tempo ed energie per migliorarla? Tuttavia qualcuno lo fa (gloria a lui).

Cosa possiamo dire allora a riguardo della qualità dello studio dello studente? Nella mia vita scolastica non ho mai incontrato un professore che mi chiedesse come studiassi. Qualcuno si è posto il problema di quanto studiassi (pochi) ma nessuno come.

Ma come si può pensare che passare ore e ore (magari annoiato) davanti ad un libro possa bastare per sortire qualche effetto interessante.

Tutto questo sembra dare per scontato che il risultato che uno studente ottiene dal suo studio sia esclusivamente responsabilità dello stesso. Al docente si chiede solo di completare il programma. Sempre che almeno questo si realizzi, abbiamo ottenuto solo quantità e non qualità.

Con gli anni di studio e l'università ho poi capito quanto sia importante la bontà del metodo di studio. Ciò mi ha portato a chiedermi come mai tra le migliaia di ore di lezione trascorse a scuola nessuno si sia mai posto il problema di insegnare tecniche efficaci di studio, mnemotecniche, mappe mentali ecc.

Anche se lo reputo molto importante, questo argomento esula dalla trattazione di questo ebook. Approfitto comunque qui per motivarti ad approfondire la materia (Bruno Editore offre dei titoli interessanti a riguardo). Vedrai che conoscendo le giuste tecniche riuscirai ad apprendere meglio, in meno tempo e a ricordare a lungo quello che hai studiato.

Ribadisco che il mio non vuole essere un atto di accusa o una mera messa alla gogna del nostro sistema scolastico. Serve per farti comprendere che tale sistema è composto di persone, alcune in gamba, altre meno, anch'esse prive di una guida e spesso di stimoli essenziali per un miglioramento costante. Queste parole servono a stimolare una tua presa di coscienza, che possa spingerti a farti carico definitivamente del tuo apprendimento.

L'obiettivo primario che si vuole perseguire in questa trattazione è quello di sfruttare al massimo quello che la scuola ci mette o ci potrebbe mettere a disposizione in termini di lezioni, disponibilità dei professori a spiegare ciò che non abbiamo compreso, confronto con questi…

Il problema centrale rimane il seguente: se lo studente non capisce la spiegazione in classe, è sicuramente difficile che riesca a capirla meglio studiando da solo a casa. Da quanto ti ho appena detto, dipenderà l'80% del tuo futuro successo.

SEGRETO n. 6: l'80% dei tuoi risultati da oggi in poi dipenderà dal tuo comportamento in classe. È lì che devi concentrare il tuo massimo impegno.

Questo vuol dire che se farai come ti dirò potrai studiare meno a casa e prendere comunque voti migliori. Per ottenere ciò devi però decidere sin da ora che i tuoi risultati dipendono esclusivamente da te. Devi credere che sia così anche nel caso che esistano elementi che tendono a confutare una tale credenza. Il resto verrà da se.

Dio salvi la lezione
Proviamo allora ad analizzare per un attimo più in profondità in che modo gli studenti impegnano le loro energie nello studio. Di solito quando il professore spiega, se questi non è particolarmente brillante e capace di attirare l'attenzione dello studente e di appassionarlo alla materia, questi entro dieci o venti minuti si distrae definitivamente dicendo a se stesso: «A casa poi me lo studio sul libro».

Quindi, sprecherà il resto del tempo della lezione a fare altro, magari a disturbare la lezione stessa, perdendo ogni possibilità di chiedere spiegazioni al docente nelle parti più complesse della lezione. Ciò comporterà che a casa impiegherà il doppio o il triplo del tempo per cercare di comprendere la lezione in tutte le sue parti, sempre che ci riesca. Un'ora di mancata lezione si trasformerà in almeno tre ore a casa, necessarie per comprendere l'argomento prima e per impararlo poi.

Ora sai qual è il prossimo obiettivo: cercare, ove possibile, di contribuire ad agevolare al meglio lo svolgimento della lezione e in ogni caso di cercare di assorbire il massimo di informazione da essa. Vedremo tra poco che nel momento in cui comincerai a partecipare attivamente alle lezioni, otterrai un altro importante risultato: quello di modificare la tua immagine agli occhi del tuo prof.

Il prof. e i suoi pregiudizi
Molti ragazzi sentendosi ingiustamente valutati accusano i

professori di avere dei pregiudizi. I docenti, dal canto, loro negano sempre e comunque questa cosa.

Ma cosa sono i pregiudizi? Non sono forse una forma particolare di credenza? Ma se è così, tutti soffriamo di questo problema, inutile starsi a dimenare. Accettiamo la cosa come una componente inscindibile dell'essere umano. Ti mostrerò, più avanti, che esiste un modo per sfruttare questa debolezza dei docenti a tuo vantaggio.

Il pregiudizio è un tipo di credenza che ci permette di semplificare le nostre scelte e decisioni. Immagina quante valutazioni deve dare un professore quotidianamente, quante decisioni deve prendere. Chi interrogo? Cosa chiedergli? Come valutarlo? Che voto mettergli?

Decidere il voto, poi, è la cosa più difficile. Il professore deve valutare la qualità dell'esposizione, l'espressività, la sicurezza dello studente, la completezza delle sue risposte. Deve valutare lo studente in senso assoluto, ma anche relativamente al metro di giudizio usato per gli altri. Egli non vuole mostrare di avere delle simpatie, anche se volente o nolente ne ha. Il prof. è anche lui un essere umano.

Classificare i suoi studenti (nel senso di crearsi una graduatoria mentale) è certamente un'azione che gli semplifica la vita. Allora vediamo che Rossi prende perennemente dal 4 al 5, Martini dal 5 al 6, ... Berti dal 7 all'8...

Una volta che sei stato classificato, nel bene o nel male, è veramente difficile uscire dallo schema. Rari sono i professori che sono immuni da questo problema e per questo motivo li considereremo l'eccezione che conferma la regola.

Ma come usare questa loro debolezza a tuo vantaggio? Questo è il segreto che mi ha permesso di ottenere il massimo risultato con il minimo sforzo, almeno fino alla maturità.

La cosa non è poi così difficile da comprendere. C'è un lasso di tempo, che inizia dal momento in cui il professore entra per la prima volta in classe e ti conosce e finisce già dopo pochi giorni.

Egli sin da subito, più o meno consciamente, comincia a scandagliare il tuo comportamento in classe. Sei attento a ciò che dice dal primo all'ultimo minuto della lezione? O sei distratto e non ti curi di lui preferendo magari trastullarti con gli amici?

Questo è l'errore che fanno in molti nei primi giorni dell'anno scolastico. C'è ancora aria di vacanza, magari il professore non sembra neanche severo ed è tanto tempo che non vediamo gli amici. C'è poi da aggiungere che fare un po' lo strafottente con i professori aumenta la propria popolarità di fronte ai compagni. Del resto come li chiamano quelli che a scuola sono diligenti? Secchioni. E a te non va di essere etichettato con questo termine, non è vero?

Nel prossimo capitolo affronteremo il problema dell'influenza del gruppo sull'andamento dei tuoi risultati scolastici e ti spiegherò comunque come fare a scuola per salvare capra e cavoli. Come ottenere cioè buoni risultati senza apparire un secchione.

Cerchiamo allora il modo per far sì che il tuo prof. abbia solo pregiudizi positivi nei tuoi riguardi.
Il primo step, come abbiamo già detto, consiste nel mostrarsi attenti e interessati a quello che dice il professore sin dai primi momenti. Segue qualche domanda intelligente, del tipo: «Scusi professore, cosa dovrebbe fare uno studente per andare bene nella sua materia?» Aspettati la risposta più banale: «Studiare». Altra domanda intelligente da parte tua: «Mi sa consigliare un modo per lei efficace per studiare la sua materia?», oppure: «Pensa che se uno ha qualche lacuna che si porta dietro dagli anni passati possa riuscire comunque a studiare con profitto la sua materia?»

Un'altra carta da giocare nei primi giorni di scuola è quella di preparare un'ottima interrogazione nel tentativo di prendere subito un ottimo voto. Quel voto condizionerà per almeno il 50% tutti i voti successivi. C'è da aggiungere che molti professori, specialmente a inizio anno, per non creare troppa pressione alla classe sin da subito, accettano volontari per le interrogazioni.

Cosa c'è quindi di meglio che mostrarsi proattivi al punto di chiedere di essere interrogati quando il resto della classe ancora mostra i segni della sonnolenza estiva? L'impressione che si va a creare nella mente del prof. è positivissima. Se poi qualcosa dovesse andare storto durante l'interrogazione possiamo sicuramente sperare nella benevolenza del prof. Basterà dire: «Sono venuto volontario proprio per ottenere sin da subito un indirizzamento efficace nello studio della sua materia. Sono certo che con le indicazioni che mi darà andrò sempre meglio di interrogazione in interrogazione».

SEGRETO n. 7: se vuoi avere successo a scuola cerca sempre di creare una buona prima impressione agli occhi del tuo prof. In questo modo sarai classificato sin da subito tra i migliori e sarà facile, durante il resto dell'anno, mantenere questa posizione con il minimo sforzo.

Un altro modo per gestire costruttivamente la comunicazione con il tuo prof. consiste nel richiedere, di tanto in tanto, il suo aiuto. Molti studenti temono di chiedere al prof. spiegazioni in pubblico o a tu per tu. Specialmente quando non si conosce la materia, si ha paura che la domanda li possa far passare per sciocchi. Ma fare domande al prof. dimostra interessamento verso la materia. Allora, come fare per sfruttare al meglio questa possibilità?

Semplice. Prima si studia bene l'argomento e quando si è sufficientemente preparati si costruisce una domanda, di cui si conosce già la risposta. Si va dal prof. (alla cattedra o alla lavagna) durante l'intervallo, prima o dopo la lezione e gli si pone la domanda, del tipo: «Scusi professore, lei prima diceva che… ma ancora non mi è chiaro come/quando/perché …».

Poco fa ti ho consigliato di studiare l'argomento prima della lezione del prof. A che pro? Ti do una grande dritta. Prima ti ho detto che stare attento a lezione gratifica enormemente il professore. Tuttavia seguire le lezioni per tutta l'ora o per più ore durante la mattinata, può essere estenuante. È facile quindi distrarsi, disturbare la lezione e ottenere l'effetto contrario: una brutta impressione agli occhi del prof.

A questo problema ti fornisco una soluzione che, se riuscirai a metterla in pratica durante il tuo percorso scolastico, ti porterà al diploma e un giorno alla laurea con il 50% dello sforzo.

Lo studio intelligente
Di solito non è difficile sapere in anticipo su cosa verterà la prossima lezione. Molti professori seguono pedissequamente il libro di testo. A quelli che non lo fanno si può chiedere, a fine lezione, su cosa verterà la successiva. Una domanda del genere mostra interesse e gratifica il prof.

A questo punto, lo studente che vuole studiare meno e rendere di più, una volta tornato a casa, prenderà il libro e andrà subito a leggersi la lezione successiva. Da una semplice prima lettura, infatti, otterrà molti vantaggi:
1) Conoscerà in anticipo l'argomento della prossima lezione, cosa che gli alleggerirà la successiva spiegazione del professore, evitandogli di stancarsi nel seguire e di distrarsi;
2) Potrà individuare quali sono le parti della lezione più complesse o non chiare. In tal modo la lezione del professore potrà essere chiarificatrice di tali parti. Ove non lo fosse lo

studente potrà chiedere chiarimenti, cosa che oltre a semplificargli lo studio successivo, gratificherà il professore.
3) Potrà individuare le parti dell'argomento che il professore dovesse tralasciare nella sua spiegazione, parti che probabilmente gli interessano meno e che molto probabilmente non chiederà all'interrogazione.
4) Potrà sottolineare il libro in corrispondenza delle sottolineature verbali del prof. e arricchirlo con i commenti di questo. Una sottolineatura verbale consiste nell'enfasi che il prof. dà a qualche concetto in particolare. L'80% delle domande alle interrogazioni sono, spesso, relative a concetti che il professore ha enfatizzato nelle spiegazioni.
5) Una volta a casa la lezione non avrà più segreti per lo studente, e il libro, a questo punto, sarà uno strumento più che sufficiente per completare la preparazione dell'interrogazione.

Otterrai, così facendo, un risultato superlativo garantito e raggiunto nella metà del tempo e soddisfazione estrema del professore, che diventerebbe doppia qualora il professore venisse a scoprire la proattività del metodo di studio di questo studente.

Ma se è così perché non lo fanno tutti? Semplice, perché la massa preferisce rimandare a domani quello che potrebbe fare oggi, figuriamoci se riesce a organizzarsi per farlo ieri.

Vedi? Nella vita non è poi così difficile avere successo. Basta giocare d'anticipo, perché la massa non lo fa mai. In nessun ambito come nella scuola è così facile. Basta stare costantemente davanti al resto della classe di una lezione per apparire un campione agli occhi del tuo professore.

Alla fine dell'anno avrai studiato esattamente quello che hanno studiato gli altri. Sarai però riuscito a ottenere di più semplicemente grazie al fatto che ti sei mosso sempre in anticipo.

SEGRETO n. 8: quando sai che devi fare una cosa, avvantaggiati, falla prima che puoi. Falla prima degli altri. La stessa azione varrà di più.

In questo capitolo ti ho spiegato cosa fare per crearti una buona posizione nella classifica mentale del tuo prof. Nel prossimo ti spiegherò cosa fare per non essere emarginato dal gruppo dei tuoi compagni di classe che potrebbero non vedere di buon occhio il tuo miglioramento.

RIEPILOGO DEL CAPITOLO 2
- SEGRETO n. 5: Se vuoi avere successo nella vita accetta sempre di buon grado le critiche delle persone che desiderano la tua crescita, anche quando non le sanno esprimere nella maniera per te più costruttiva. Prendi da queste critiche ciò che c'è di buono e non far caso alla forma.
- SEGRETO n. 6: L'80% dei tuoi risultati da oggi in poi dipenderà dal tuo comportamento in classe. È lì che devi concentrare il tuo massimo impegno.
- SEGRETO n. 7: Se vuoi avere successo a scuola cerca sempre di creare una buona prima impressione agli occhi del tuo prof. In questo modo sarai classificato sin da subito tra i migliori e sarà facile, durante il resto dell'anno, mantenere questa posizione con il minimo sforzo.
- SEGRETO n. 8: Quando sai che devi fare una cosa, avvantaggiati, falla prima che puoi. Falla prima degli altri. La stessa azione varrà di più.

CAPITOLO 3:
Come studiare conservando la popolarità nel tuo gruppo

Ritengo questo capitolo il più utile del libro. Il contributo più importante che vorrei darti è, infatti, quello di aiutarti a imboccare la via della salvezza, specialmente nel caso in cui ti trovassi in difficoltà e rischiassi la bocciatura. Per fare ciò so che è importante aiutarti a superare un ostacolo che si potrebbe frapporre fra te e il tuo miglioramento scolastico: il gruppo composto dai tuoi compagni di classe.

Qui torna utile accennare a un'altra mia esperienza: quella di insegnante. Non ero ancora laureato in ingegneria elettronica quando ebbi l'occasione di insegnare elettronica in un istituto tecnico statale per un paio di anni. Ero molto giovane e, quindi, mi immedesimai molto negli studenti, riuscendo a comprendere, da un lato i loro errori e dall'altro le loro difficoltà. Questa esperienza mi ha dato altresì la possibilità di studiare le dinamiche comportamentali di gruppo viste anche dall'altro lato della cattedra.

Vorrei in definitiva che tu riuscissi a migliorare i tuoi voti senza peggiorare il tuo livello attuale di popolarità tra i tuoi amici. Forse ti starai chiedendo perché do tanta importanza alla popolarità in un libro che dovrebbe avere come obiettivo il tuo successo scolastico? Per comprendere questo fatto voglio darti un ulteriore elemento.

La piramide di Maslow
Nello studio dei bisogni umani un grande contributo viene da Maslow che nel 1954 teorizzò un modello così efficace da essere ancora oggi preso come riferimento.

Questi asseriva che l'uomo nelle sue scelte cerca di perseguire il soddisfacimento dei suoi bisogni. Maslow dispone i bisogni umani sui 5 livelli di una piramide che prende così il suo nome. Alla base della sua piramide, al primo livello, egli pone i bisogni fisiologici (cibo, tetto, sonno e sesso). Al secondo livello pone i bisogni di sicurezza fisica (bisogno di sentirsi al sicuro dalle malattie, la sofferenza fisica, la morte). Al terzo livello c'è il bisogno di sicurezza emotiva (appartenenza al gruppo, amore, amicizia). Al quarto c'è il bisogno di stima e di autostima. Al quinto, al vertice della piramide, il desiderio di autorealizzazione e di successo.

Ora hai le informazioni per comprendere un fatto importante:

SEGRETO n. 9: il bisogno di appartenenza al gruppo e di sicurezza emotiva, viene prima del bisogno di stima, autostima e autorealizzazione che si persegue studiando.

Ecco perché molti ragazzi preferiscono mettere in atto comportamenti che li rendano popolari nel gruppo a costo di rischiare un cattivo andamento scolastico e magari la bocciatura.

Il consiglio che ti do è, quindi, quello di dare, per ora, priorità ai risultati scolastici e di mettere la popolarità al secondo posto. Questo è importante nell'eventualità che tu non riesca, seguendo i miei consigli, a portare a casa i due piccioni con una fava sin da subito. Ti faccio comunque notare che esistono molti modi per soddisfare il bisogno di appartenenza al gruppo: puoi crearti una comitiva serale, partecipare a gruppi di volontariato ecc.

È, infatti, normale che il tuo rinnovato atteggiamento fattivo rispetto allo studio possa risvegliare le attenzioni negative del gruppo. Aspettati quindi dei commenti negativi dagli "amici" di classe che potrebbero appellarti con termini come "ruffiano" o "secchione". Vedremo in questo capitolo come fare per sedare questo tipo di atteggiamento da parte del gruppo.

Le dinamiche che influenzano i gruppi
Perché il gruppo dovrebbe ostacolare le aspirazioni di crescita di uno dei suoi componenti? Il problema nasce dal fatto che in un gruppo sociale, che sia una comitiva o una comunità, esiste un ordine esplicito e un ordine implicito delle cose e dei ruoli che ognuno occupa in essa. Se prendiamo, ad esempio, un piccolo paese, notiamo che esistono delle figure che esplicitamente occupano un ruolo: il sindaco, il medico, il netturbino ecc. Tra queste figure esiste una gerarchia esplicita da tutti, in linea di massima, accettata.

Tuttavia anche tutte le altre persone hanno un ruolo sociale e ognuno nella sua mente pone, più o meno inconsciamente, queste figure in ordine secondo una gerarchia del tutto personale. C'è il barista con la sua simpatia, la parrucchiera che sa tutto di tutti, il prete che sa sempre dire la parola giusta per dare conforto, quell'antipatico del vigile che "chissà chi si crede di essere".

Tutto è poi sapientemente amalgamato da un ingrediente onnipresente: la comunicazione. Tuttavia la forma di comunicazione più veloce e potente è quella che tutti sanno essere il pettegolezzo: tramite esso, colui che comunica (il pettegolo), può cercare di modificare la disposizione gerarchica a suo vantaggio. Si getta fango sugli altri in modo che egli possa emergere come "migliore" di altri.

Alla base del pettegolezzo c'è quindi l'invidia, a mio avviso il più diffuso dei vizi capitali. Tutti, chi più chi meno, ne siamo vittime.

Tu ad esempio, come ti comporti se un tuo amico ottiene una promozione al lavoro? Qual è la tua reazione? Probabilmente positiva se questi è un amico vero, ma potrebbe essere negativa se invece esiste qualche forma di competizione tra te e costui.

Devi considerare che, secondo il calcolo combinatorio, due persone possono stabilire una sola relazione a due (binaria – A e B comunicano), 3 persone ne possono stabilire 3 (A comunica con B, B comunica con C e C comunica con A), 4 persone 6 relazioni, 5 persone 10 relazioni, in genere n persone possono stabilire un numero di relazioni binarie pari a: n!/((n-2)!2!).

Se proprio ti piace la matematica ti fornisco un esempio tramite il quale potrai applicare la formula che ti ho appena fornito. Se ancora non hai studiato il calcolo combinatorio, devi solo sapere che l'operatore cosiddetto "fattoriale" che si indica con il punto esclamativo "!", rappresenta semplicemente un prodotto che moltiplica tutti i fattori decrescenti fino a 1. Si capisce meglio con un esempio: 6! = 6x5x4x3x2x1. Facile no?

In una classe di 25 persone si possono stabilire 25!/((25-2)!2!) = (25x24x23x...x2x1) / (23x...x2x1) x (2x1)) = 25 x 24 / 2 = 300 possibili relazioni a due. Riesci a immaginare quante situazioni diverse si possono creare? Quanti pettegolezzi? Quanti sottogruppi o fazioni?

È normale aspettarsi che, se ognuno ha nella sua mente una gerarchia in cui colloca se stesso in una determinata posizione, i comportamenti di questi saranno finalizzati a risalire questa gerarchia o, quanto meno, a conservare la posizione. Ogni qualvolta qualcuno nel gruppo risale la sua posizione gerarchica lo fa sempre a discapito della posizione di altri.

Per questo motivo la maggior parte dei componenti del gruppo male accetta i miglioramenti posizionali di individui la cui leadership non sia già riconosciuta dal gruppo stesso. L'ostacolo tende a cadere nel momento in cui l'elemento ostacolato riesce a risalire la gerarchia con così tanta determinazione e perseveranza al punto che il gruppo riconosce finalmente il suo merito e accetta la sua neo-conquistata posizione gerarchica.

Quindi sappi che, se insisti nel tuo tentativo di risalire la china, prima o poi, il gruppo dei tuoi compagni si rassegnerà e smetterà di ostacolare la tua ascesa collocandoti definitivamente (ognuno nella sua personale gerarchia mentale) tra i migliori elementi della classe.

Comprendo, tuttavia, che per ora preferiresti evitare di essere schedato come un secchione. Ma perché se uno studia e si impegna nello studio rischia di essere etichettato in questo modo?

C'è una cosa che caratterizza e marchia il "secchione" come tale, e non sono i suoi voti. Ricorda, il "secchione" non è tanto colui che studia con impegno, quanto colui che pensa e agisce solo a suo vantaggio e contemporaneamente a svantaggio altrui. Il "secchione" è contento se lui prende un voto alto quando tu hai preso un voto basso. Non gode del suo voto alto se anche gli altri hanno lo stesso voto.

Nonostante i miei buoni risultati scolastici non sono mai stato considerato un "secchione". Questo perché non ho mai dimenticato di prodigarmi per gli altri. Ho sempre spiegato volentieri un concetto quando mi veniva chiesto, ho passato il compito quando ho potuto e ho suggerito alle interrogazioni quando il compagno interrogato era in difficoltà. Sono stato sempre un buon alleato dei compagni più "deboli". Forse per questo motivo i miei buoni voti non hanno mai infastidito nessuno.

Quindi tranquillo, puoi avere successo a scuola senza per questo rischiare necessariamente di essere emarginato dal tuo gruppo di pari. Ma se ciò dovesse succedere, metti sempre avanti il tuo successo scolastico. Recuperare un amico è molto più facile che recuperare un 4 o risalire la china del pregiudizio dei tuoi professori.

SEGRETO n. 10: fai in modo che il tuo successo non vada mai a discapito di altri. Offri sempre il tuo aiuto disinteressato ai tuoi compagni. Sii per gli altri una valida risorsa e il tuo gruppo di pari non vorrà mai fare a meno di te.

Il gruppo di pari
All'inizio del capitolo ti ho parlato dei bisogni di sicurezza emotiva (terzo livello della piramide di Maslow) e del fatto che di questo livello fa parte il bisogno di appartenenza al gruppo che, specialmente negli adolescenti e nei giovani, ha un enorme impatto sulla loro psiche.
Ma se il gruppo condiziona il comportamento dei suoi componenti, chi condiziona il comportamento del gruppo? Comprendere i meccanismi che si celano dietro questa domanda, può darti grandi vantaggi nel raggiungimento del tuo successo personale, a scuola come nella vita.

In ogni gruppo, come in un gregge di pecore, è sempre possibile individuare un leader (il montone, il re), seguono poi il ristretto sottogruppo dei gregari del leader (l'aristocrazia), poi c'è il resto del gregge (il popolo, la massa), chiude il bastian contrario, (l'opposizione, la pecora nera).

Spesso per un giovane il gruppo è tutto, è il suo microcosmo di riferimento. Lì passa il suo tempo più importante, lì si confronta e si scontra con quelli che ritiene i suoi pari, coloro, cioè, che ritiene degni della sua attenzione. Nel gruppo vive i suoi primi flirt, i suoi primi amori. È molto grave se la famiglia e la società sottovalutano l'importanza che il gruppo ha per il giovane.

Il comportamento del gruppo è fondamentalmente indirizzato dal leader. La maggior parte dei suoi più stretti gregari è di solito caratterizzata invece da assoluta mancanza di leadership, spesso presente addirittura in misura inferiore a quella della "massa", cioè del resto del gruppo. Questi componenti seguono il leader da vicino perché hanno molto bisogno di sentirsi guidati. Sono quelli cui più piace vivere di "luce riflessa".

Tra i gregari può, tuttavia, celarsi, a volte, qualche elemento dotato di leadership che mira all'egemonia sul gruppo ed è in attesa del momento giusto per sferrare l'attacco al leader. Tra i componenti con leadership spiccata annoveriamo anche il bastian contrario, che a suo modo cerca comunque di imporre il suo punto di vista (diverso) sulle cose.

Anche l'esperienza da gregario o membro di un gruppo ha

comunque il suo valore. Una frase che sono solito dire nei miei corsi sulla leadership è la seguente:

SEGRETO n. 11: meglio essere un ottimo gregario che un pessimo leader. Un vero leader sa riconoscere il contesto e il momento in cui è il caso di guidare e quello in cui invece è meglio lasciarsi guidare.
Il gruppo può essere il giusto trampolino di lancio per un giovane, la palestra dove forgiare la propria autostima e la propria leadership. Può tuttavia anche essere la via breve per l'autodistruzione. Basti pensare per un attimo ai gruppi di ragazzi dediti all'uso di alcol e droga o alle gang. C'è un detto che dice: «Dimmi con chi vai e ti dirò chi sei».

Diventa così importante, se si vogliono fare esperienze positive ed evitare quelle traumatiche, sapersi scegliere il giusto gruppo.

A parte la solita comitiva, una buona opportunità per fare esperienza di vita di gruppo è rappresentata dall'appartenenza ad associazioni di vario genere. Negli Stati Uniti la vita associativa ha così valore per lo sviluppo psico-emotivo del giovane che nei campus universitari vengono offerte agli studenti tutte le risorse necessarie (sedi, fondi ecc.) per sviluppare l'attività associativa di quei club con quei nomi strani (alfa alfa alfa, kappa lambda lambda).

L'unico modo per vivere la vita di gruppo senza cadere in brutte trappole, è quella di avere ben chiari nella mente quelli che sono i tuoi veri obiettivi nella vita e i tuoi valori.

Purtroppo, i ragazzi, quando va bene, ragionano con un orizzonte temporale lungo al massimo una settimana: dal lunedì allo sballo del sabato sera. A questa età si tende a dire: «Siamo giovani ci dobbiamo divertire». Secondo me non c'è niente di più sbagliato. Nella vita bisogna sapersi divertire sempre. Quindi conserva le tue energie altrimenti se ti consumi da giovane poi, da grande, farai il pantofolaio.

Scherzi a parte, il consiglio che ti do è di miscelare sempre sapientemente il piacere dello studio con il piacere delle altre attività. Come hai sicuramente notato non ho usato la parola "dovere" associata alla parola studio, così come non amo associarla al termine lavoro.

Se nella vita imparerai ad appassionarti a qualcosa magari un giorno avrai la fortuna di riuscire a farne il tuo lavoro. Quando il tuo lavoro ti appassiona non è più un dovere, diventa un piacere. Usa quindi lo studio per allenarti nell'arte di appassionarti alle cose, alla conoscenza, all'apprendimento. Coltiva la tua curiosità è da lì che nasce la passione.

Dedica ogni tanto qualche minuto per cercare di riflettere, per comprendere cosa è importante per te nella vita, quali sono i tuoi valori, qual è la tua mission. Anche questi sono argomenti cari alla PNL come lo è l'importanza del conoscere chi siamo nel profondo. Solo sapendo chi siamo e cosa vogliamo possiamo sperare nella possibilità di raggiungere quello che veramente vogliamo nella vita e di essere veramente felici.

Per quanto riguarda il tuo gruppo di pari, ricorda che l'amicizia è un valore importante ma non tanto quanto il rispetto di se stessi. Il problema è che non puoi veramente avere rispetto per quello che sei se non hai ben chiari nella mente quelli che sono i tuoi valori.

Prova a essere tu colui che nel gruppo influenza gli altri con i suoi valori positivi ma senza fare il moralista, non serve. Se le tue posizioni sono troppo distanti da quelle degli altri forse hai scelto il gruppo sbagliato. Potrebbe anche capitare il caso in cui tu stesso nel passato hai indotto qualche amico ad allontanarsi dai suoi sani principi, quindi forse riesci a capire quello che voglio dire.
Ho voluto fare questa digressione sul gruppo solo per darti qualche spunto di riflessione, per dare la giusta importanza alla cosa e per indurti a bilanciare nel migliore dei modi il tuo tempo tra la vita sociale e lo studio.

Per quanto detto in precedenza è probabile che quando uno studente è in difficoltà con lo studio questo fatto possa essere proprio dovuto ad un uso errato del proprio tempo forse sbilanciato nella direzione dello svago. Quindi questo capitolo si rivolge a quegli studenti che a causa di una falsa partenza si sono ritrovati a essere classificati dai propri professori nella fascia di voto che sta al di sotto del 5 e mezzo e non riescono più ad uscirne fuori.

Se è così come dico, più avanti in questo capitolo troverai una ricetta che, se seguita pedissequamente, ti porterà fuori dalle sabbie mobili verso una meritata promozione. Ho scritto la parola "meritata" perché non intendo fornirti trucchi tramite i quali poter ingannare i docenti. Sono convinto che possiedi i mezzi per raggiungere il tuo obiettivo senza barare.

Perché ho parlato di difficoltà di uscire dalle sabbie mobili dell'insufficienza sul registro del prof? Ancora una volta ci troviamo a impattare con il problema delle credenze. Il professore, a causa del tuo comportamento "inadatto" a realizzare le sue aspettative, probabilmente si è costruito nella mente la convinzione che tu sei (come si diceva un tempo) un "asino".

Come vedi, nella frase precedente, ho preferito lasciare a te "l'onore" della responsabilità della credenza del professore. In questo modo teniamo il problema all'interno della tua sfera di influenza. Solo in questo modo possiamo sperare di poter fare qualcosa per risolverlo. Ricorda che finché la colpa è esclusivamente del prof. tu puoi fare poco.

Quindi il problema prioritario da affrontare è dato dal fatto che…

SEGRETO n. 12: se il professore crede che tu sia un asino difficilmente riuscirai ad ottenere buoni risultati nella sua materia. Anche se profonderai grandi sforzi nello studio, questo potrebbe rivelarsi insufficiente.

Questo vuol dire che quando consegnerai un brutto compito egli sarà portato a pensare: «Ecco... come volevasi dimostrare». Quando, invece, consegnerai un buon compito gli verrà il sospetto che hai copiato.

La simpatia e l'antipatia
Per quanto riguarda invece le interrogazioni ti insegno un'altra cosa interessante. Quando parli con una persona che ti sta simpatica sei portato inconsciamente a individuare nelle sue parole i concetti che condividi e a trascurare quelli che non condividi.

Quando al contrario parli con una persona che ti sta antipatica succede il contrario. Il tuo cervello come uno scanner individuerà ogni concetto che non condivide allo scopo di contestarlo.

Partendo dal presupposto che un professore è un essere umano con tutti i suoi limiti, anche lui sarà vittima di simpatie e antipatie. Ciò comporterà che durante la tua interrogazione il suo cervello porrà più attenzione a ciò che concorda o a ciò che non concorda in funzione di quanto gli sei simpatico.
Dicendo ciò non voglio certamente asserire che una preparazione da 8 possa generare automaticamente un 4 (o viceversa), ma ti posso assicurare che se un professore ti ostacola (più o meno consapevolmente) durante l'interrogazione, il voto che ti darà sarà, molto probabilmente, inferiore a quello che meriti.

Conquistarsi la simpatia degli altri e, in questo caso, del tuo prof.

può essere fatto in vari modi. Ti assicuro che se mostrerai vero interesse per le persone e rispetto per i tuoi docenti (oltre ad un minimo di impegno nello studio) la simpatia di questi sarà quasi automatica e i tuoi compagni accetteranno il tuo modo di essere equilibrato tra il divertimento del gruppo e l'impegno a scuola. Se invece il tuo comportamento sarà quello di colui che falsamente recita il ruolo dell'interessato alla materia, i tuoi prof. se ne accorgeranno e i tuoi compagni ti daranno del ruffiano e del lecchino.

Come vedi cerco in ogni occasione di darti gli strumenti per gestire, da un lato i professori e dall'altro il tuo gruppo di pari in modo che tu non debba soffrire il disagio che può scaturire dal trascurare uno dei due aspetti.
Prendere i cosiddetti due piccioni con una fava in questo caso si basa sulla tua bravura nel dare la giusta importanza alle persone finché queste si muovono nel rispetto di quelli che tu ritieni essere i tuoi valori più importanti.

L'arte di dissociarsi al momento giusto
Abbiamo ribadito più volte in questo capitolo, quanto sia importante per un giovane essere accettato da quello che ritiene il suo gruppo di pari. Ritengo tuttavia, nell'ottica di vivere questa esperienza in modo costruttivo, che tu ti faccia valere tra i tuoi amici almeno per una cosa: è importante che tu dichiari di avere dei saldi valori personali e che ti dissocerai dal gruppo ogni qualvolta questi valori non venissero rispettati.

Ti faccio un esempio. Io sono convinto che tra i valori che la famiglia e la società in cui viviamo ci danno, ci sia quello del rispetto per il nostro prossimo. Se poi questo prossimo è un genitore, un insegnante o qualcuno che contribuisce alla nostra crescita, il rispetto dovuto diventa maggiore. Valori come il rispetto per gli altri ci impongono delle regole comportamentali. Quando trasgrediamo queste regole andiamo in contrasto di valori e non viviamo più serenamente. Qualcosa dentro di noi stride e ci fa star male.

Nonostante ciò, a volte può capitare che quando siamo all'interno del nostro gruppo di pari si mettano in moto delle dinamiche comportamentali che potrebbero portarci a trasgredire le nostre regole personali. Spesso tra lo scegliere di trasgredire i propri valori o rischiare di essere emarginato dal gruppo, da giovani può capitare di preferire di allontanarsi dai propri valori.

Per questo a volte la cronaca ci mette di fronte a fatti assurdi e criminosi compiuti da giovani che genitori e conoscenti giurerebbero essere sempre stati "bravi ragazzi".

Il miglior modo per non cadere in certi tipi di trappole è allenarsi a mettere dei paletti. Per prima cosa, come già detto, è importante avere ben chiari nella mente quelli che sono i valori che la famiglia e la società ci hanno trasmesso e che noi abbiamo accettato per "buoni".

Dopodiché è fondamentale prefigurarsi cosa sarebbe opportuno fare nel caso in cui, in una situazione di gruppo, succedesse qualcosa per te inaccettabile. Vuoi che ti faccia qualche esempio?

1) Come ti comporteresti se uscendo una sera con i tuoi amici, un paio di questi dopo qualche birra cominciasse a prendere a calci un barbone sdraiato su una panchina? Ti metteresti in mezzo per fermarli, chiameresti la polizia o per non essere definito un vigliacco magari sferreresti qualche calcio anche tu? Ma cosa ti dicono i tuoi valori? È vigliacco chi se la prende con un inerme o chi si dissocia da azioni di gruppo che vanno in contrasto con i propri valori?
2) Come ti comporteresti se il tuo amico del cuore, avendo preso 3 in italiano (perché non aveva studiato) ti chiedesse di entrare di notte a scuola per andare a bruciare i registri di tutti i professori? Lo convinceresti a desistere? E se ti dicesse che tutte le volte che hai avuto bisogno di un amico lui c'era e ora che lui ha bisogno di te, ti tiri indietro come un vigliacco? Sapresti rimanere ancorato saldamente ai tuoi valori o cederesti alle sue richieste? Saresti in grado di rispettare le tue sane regole e rifiutarti di diventare complice di un crimine? Ora capisci meglio la potenza manipolativa del linguaggio e del contesto?
3) Cosa hai fatto in passato quando in classe i tuoi compagni cercavano di sovrastare il professore che tentava di spiegare la lezione? Ti sei aggregato nell'azione di disturbo o ti sei dissociato? Sei rimasto neutro o hai cercato di agire in qualche modo? La tua azione andava in aiuto dei tuoi compagni o del professore? Come ti comporterai da oggi in poi sapendo che

comprendere la lezione vuol dire recuperare più velocemente il tuo svantaggio scolastico? Riuscirai a spiegare ai tuoi compagni che tu, per recuperare il tuo svantaggio nello studio, hai bisogno che le lezioni si svolgano serenamente? Come reagirai se ti dicessero che stai diventando un secchione?

Strategie di gestione del rapporto con il gruppo
Un consiglio importante che ti do è il seguente:

SEGRETO n. 13: nella vita, non ti schierare mai in modo definitivo e incondizionato. Quando aderisci a un progetto o ti aggreghi a un gruppo, fissa sempre anticipatamente le condizioni di sgancio.

Cosa intendo per condizioni di sgancio? Sono le condizioni al verificarsi delle quali si sceglie di abbandonare un progetto, un'idea o un gruppo.

Ti faccio qualche esempio.
1) Se hai deciso di prenderti una laurea in ingegneria è bene che ti ponga una condizione in termini di numero minimo di esami l'anno da sostenere per non passare all'università il resto della tua vita. È altrettanto importante che tu non ti distrugga psicologicamente qualora non riuscissi a portare avanti il tuo studio in modo per te soddisfacente.
2) Se hai deciso di sposarti è perché probabilmente sei felice di vivere con il tuo partner. Ma è giusto che tu abbia chiaro nella tua mente e che tu chiarisca al tuo partner quali sono le tue

condizioni di sgancio. Non è bello sentirsi dire dal partner dopo 10 anni di matrimonio: «Forse non era questo ciò che desideravo».

3) Se hai deciso di uscire con un gruppo di nuovi amici, fissa subito le tue condizioni di sgancio. Ad esempio: «Deciderò di uscire dal gruppo se ... droga ... violenza ... ecc.»

4) Se hai deciso di fidanzarti puoi decidere di fissare le tue condizioni di sgancio sulla base della presenza eccessiva di aspetti negativi come: gelosia, diffidenza, mancanza di sincerità, litigiosità ecc.

5) Se hai deciso di aderire a un partito politico potrebbe accadere che negli anni, con il cambiamento dei suoi leader, delle sue alleanze o delle sue politiche non vengano più rispettate quelle condizioni che avevano fatto sì che la tua preferenza andasse in quella direzione. Molta gente vive male perché crede di doversi comportare "con coerenza" verso scelte fatte i cui presupposti non esistono più. Sapere quali sono le condizioni di sgancio rispetto a questa scelta vuol dire sapere quando non esistono più le condizioni per continuare ad essere "coerenti" rispetto a questa scelta.

A quanto detto finora c'è da aggiungere che quando sei consapevole di aver fatto una scelta sulla base di valori per te importanti, è più facile sconfiggere anche un altro nemico: i ripensamenti.

Quante volte può capitare di troncare una storia sentimentale sulla base del fatto che è diventata impossibile da vivere serenamente a causa di problemi quali la gelosia eccessiva o l'assoluta incompatibilità di carattere? Cosa succede dopo un breve periodo di allontanamento? Succede che aumentando il bisogno di sicurezza affettiva (terzo livello della piramide di Maslow) passano in secondo piano tutti quei problemi che hanno portato al distacco. Questo perché quei problemi, una volta allontanata la persona che li ha causati, acquisiscono una rappresentazione mentale più razionale che emozionale, mentre il bisogno di sicurezza affettiva in quel momento agisce fortemente a livello emotivo. Purtroppo l'emotività guida il nostro comportamento in modo molto più potente di quanto riesca a fare la nostra razionalità.

La stessa cosa potrebbe accadere se a causa del tuo tentativo di sovvertire il giudizio dei professori nei tuoi confronti, tu venga inizialmente emarginato o semplicemente criticato da parte dei tuoi compagni di classe. Questo fatto ti porterà tanto meno malessere emotivo quanto più senti di essere supportato nel tuo comportamento da valori solidi. Se ad esempio pensi alla contentezza dei tuoi genitori quando vedranno la tua bella pagella, probabilmente la cosa ti aiuterà a mantenere la rotta comportamentale scolastica che hai deciso.

L'unione fa la forza
Sono convinto che se ti guardi intorno nella tua classe esistono altri studenti che si trovano nella condizione di dover recuperare. Una delle strategie più efficaci per dare forza al tuo progetto può essere quella di individuare uno o più soggetti tra quelli da te più

"influenzabili" e portarli alla tua causa. Aiutare anche altri mentre aiuti te stesso ti darà una forza che tu neanche immagini: è la forza della coerenza. Perché quando dici: «Armiamoci» sarà più facile poi aggiungere: «… e partiamo».

Se un giorno partendo da questo progetto riuscissi a creare un gruppo di amici, è probabile che la coesione di questo gruppo che ha condiviso una sfida così importante, quale quella di studiare insieme e prepararsi per recuperare l'anno scolastico, sia veramente forte. C'è da aggiungere che è altresì probabile che avendo tu dato vita a tale gruppo, ne possa diventare il leader.

Nel prossimo capitolo si passa all'azione.

RIEPILOGO DEL CAPITOLO 3
- SEGRETO n. 9: Il bisogno di appartenenza al gruppo e di sicurezza emotiva, viene prima del bisogno di stima, autostima e autorealizzazione che si persegue studiando.
- SEGRETO n. 10: Fai in modo che il tuo successo non vada mai a discapito di altri. Offri sempre il tuo aiuto disinteressato ai tuoi compagni. Sii per gli altri una valida risorsa e il tuo gruppo di pari non vorrà mai fare a meno di te.
- SEGRETO n. 11: Meglio essere un ottimo gregario che un pessimo leader. Un vero leader sa riconoscere il contesto e il momento in cui è il caso di guidare e quello in cui invece è meglio lasciarsi guidare.
- SEGRETO n. 12: Se il professore crede che tu sia un asino difficilmente riuscirai ad ottenere buoni risultati nella sua materia. Anche se profonderai grandi sforzi nello studio, questo potrebbe rivelarsi insufficiente.
- SEGRETO n. 13: Nella vita, non ti schierare mai in modo definitivo e incondizionato. Quando aderisci a un progetto o ti aggreghi a un gruppo, fissa sempre anticipatamente le condizioni di sgancio.

CAPITOLO 4:
Come fare del tuo professore
il tuo più grande alleato

Ricetta del successo scolastico
A questo punto, sei quasi pronto per ricevere la ricetta magica del successo scolastico. Tuttavia, affinché questa funzioni, è necessario un ingrediente direi a dir poco essenziale: il tuo **impegno** a dare il massimo nello studio. Come già ti ho detto in precedenza, ma come avrai già avuto modo di constatare di persona, nella maggioranza dei casi questo non basta. Se hai il tuo professore contro, qualunque cosa farai rischierà di essere vana.

Il secondo ingrediente della ricetta è: la **rottura degli schemi** del professore. Mettere in atto una serie di azioni volte a fargli cambiare idea nei tuoi riguardi, che lo porti a sperare prima e a credere poi, in un tuo cambiamento in positivo.

Terzo ingrediente: devi riuscire a conquistare la sua fiducia.
Quarto ingrediente: nel momento in cui riesci finalmente ad ottenere la fiducia del tuo professore, non la tradire mai. Sii fedele all'impegno preso.

Prima di partire prenditi, quindi, qualche minuto per pensare e decidere di impegnarti al massimo nell'applicazione di questa ricetta perché ricorda che se sarai credibile, probabilmente, otterrai una cosa molto preziosa dal tuo docente: la sua fiducia. Ma evita di tradirla perché se oggi sei forse solo antipatico al tuo prof., non vorrei mai trovarmi nei tuoi panni il giorno che questi si sentisse anche preso in giro da te.

Quinto ingrediente: coinvolgi il tuo prof. nel processo, rendilo il regista del tuo successo.

Un professore è come un contadino che dopo aver seminato, ha piacere quando il suo lavoro genera buoni frutti. E come il contadino gode quando le sue migliori piante danno i migliori frutti. Il massimo piacere lo ha, però, quando grazie alla sua bravura riesce ad ottenere ottimi frutti da una pianta che sembrava mediocre.
Tradotto nel nostro contesto...

SEGRETO n. 14: nulla può dare maggiore soddisfazione a un professore che riuscire a portare al successo scolastico uno studente che sembrava mediocre.

Ti potrà sembrare strano ma è così. Se tu oggi non vai bene a scuola, potrai comunque trasformarti in una delle più grandi soddisfazioni per il tuo prof. Questo vuol dire trasformare un problema in un'opportunità per tutti: per te che porti a casa i risultati che volevi e per il tuo prof. che se ne sentirà l'artefice.

Altra cosa importante: questa ricetta si rivela poco efficace se applicata a maggio, ad anno scolastico praticamente terminato. Ti consiglio di non avviare il tuo progetto di recupero scolastico più tardi del mese di febbraio perché a marzo l'impresa diventa molto difficile e ad aprile un miracolo.

Sesto e ultimo ingrediente: il feedback. Valuta sempre con attenzione ciò che ottieni dalle tue azioni. Nessuna strategia è già perfetta alla nascita, nemmeno quelle che ti do io. Quando ti rendi conto che qualche azione dovesse essere inefficace o inappropriata al contesto, cambiala, adattala. Usa la tua creatività... non sarà difficile, con l'allenamento, sfoderare strategie sempre più efficaci.

Ricapitolando...

SEGRETO n. 15: gli ingredienti della ricetta del tuo successo scolastico sono: impegno massimo nello studio, rottura di schema, fiducia da parte del tuo prof., fedeltà con l'impegno preso, coinvolgimento del tuo prof. nel processo e feedback.

Una volta compresi quelli che sono gli ingredienti della tua ricetta del successo vediamo quali sono le fasi della cottura...

Primo step della ricetta: fai un'analisi dettagliata del problema
Studia la tua situazione scolastica e dividi le materie nei seguenti gruppi:
1) materie in cui vai bene o molto bene;
2) materie in cui hai la sufficienza;

3) materie in cui non arrivi alla sufficienza;
4) materie in cui vai male o molto male.

Il primo obiettivo deve essere quello di non trascurare le materie in cui hai almeno la sufficienza. Fai in modo che la conquista di terreno riguardo una materia, non vada a discapito delle altre che sono già in salvo. È importante che trovi nuovi sostenitori tra i docenti senza perdere quelli che già avevi.

Quindi, devi trovare il modo di mantenere i buoni voti che già hai, cercando di profondere in quella direzione il minimo impegno di studio necessario. Devi rosicchiare tempo alle materie in cui vai bene e dedicarlo a quelle in cui intendi migliorare.

Secondo step della ricetta: trovati un tutor
Una volta compreso da dove puoi tirare fuori il tempo che ti serve per recuperare nelle materie zoppe, ti consiglio di chiedere un incontro nel breve con il professore che insegna la materia in cui vai meglio.

Se vedi che te lo fissa fra 15 giorni insisti nel chiedere un incontro più ravvicinato sostenendo che ti trovi in difficoltà nello studio di altre materie e che ti serve una mano, qualche consiglio. Renditi disponibile a incontrarlo anche fuori orario scolastico o nell'ora di ricevimento.

Il primo obiettivo è quello di individuare un tutor, un alleato nel corpo docenti che ti possa aiutare a creare un ponte comunicativo

verso gli altri professori più ostici. Gli dirai così:
«Ascolti professore... per una serie di motivi legati alla mia superficialità (evita la solita scusa della nonna malata, la sincerità a volte paga di più) quest'anno ho gestito male il mio tempo e mi sono impegnato poco e male a scuola. Non le sto qui a dire che ho avuto problemi familiari o quant'altro, del resto chi non ne ha alla mia età? Ho tuttavia capito che non posso perdere un anno scolastico, aggraverei la mia situazione personale e familiare. Ho deciso di porre riparo ai miei errori, ma forse è troppo tardi e comunque penso di non farcela da solo, senza un incoraggiamento, un aiuto, un sostegno. Ultimamente mi è capitato di leggere qualcosa sulla figura del tutor, una persona che ti prende a cuore e che ti sa stimolare ad impegnarti per superare le difficoltà. Quindi ho pensato che dato che lei mi sta simpatico, e forse per questo nella sua materia ho la sufficienza, perché non mi fa da tutor e mi dà quei consigli che potrebbero essere utili ad un ragazzo nella mia situazione? Non le ruberò troppo tempo e cercherò di ascoltare e seguire quello che mi dirà. Mi metta alla prova e se la deluderò potrà mollarmi quando vuole.»

Ti posso assicurare che hai almeno il 70% di probabilità di successo. Può tuttavia capitare che il docente, magari già oberato di impegni, ti consigli di rivolgerti ad un altro docente, secondo lui più "adatto" allo scopo.

Se il prof. si vuole defilare dalla tua richiesta chiedigli se almeno può perorare la tua causa con l'altro professore che ti ha consigliato di contattare: *«Professore, ci può mettere una buona parola lei con il professor.... affinché mi dia lui una mano?»*

Anche se dovessi assistere a un po' di scarica barile tra i professori a cui hai chiesto supporto, è già importante che all'interno della classe dei docenti si cominci a sapere il fatto che hai deciso di rimetterti in riga e che per farlo ti serve una mano.
Se ti trovi in difficoltà nella ricerca di un tutor prova ad andare dal preside, dal vice-preside o da qualche professore di spicco nella tua scuola, anche se non è uno dei tuoi docenti. Trovare un tutor non è vitale ma è sicuramente un'arma che ti può tornare molto utile.

Torniamo al caso in cui tu stia parlando con il professore della materia in cui vai meglio e supponiamo che lui accetti di seguirti come tutor e di darti un aiuto e dei consigli.

Il secondo obiettivo che cercherai di conseguire è quello di metterlo al corrente che dovrai concentrarti nelle materie in cui vai peggio. Gli chiederai quindi di poter programmare le interrogazioni nella sua materia: *«Anche se dovrò impegnarmi maggiormente nelle altre materie non trascurerò la sua. Certo se può darmi la possibilità di organizzarmi lo studio della sua materia magari programmando le interrogazioni la cosa sarebbe più abbordabile».*

Di solito i professori, sempre a caccia di voti da inserire nel registro, non disdegnano i volontari e le interrogazioni programmate.

Il terzo obiettivo sarà quello di chiedergli consigli per aiutarti a creare un metodo di studio efficace e per stabilire il resto della strategia, per sapere in che ordine approcciare agli altri docenti e in che modo chiedere il loro contributo di aiuto. Nel momento in cui ti rivolgerai agli altri professori con cui magari vai peggio, potrà essere utile che il tuo tutor dica una parolina buona sul tuo conto e sul tuo rinnovato impegno scolastico:
«Vede professore... forse il più importante contributo che può dare al mio successo in questa difficile operazione di recupero può essere quello strategico. Io vorrei parlare con gli altri professori delle materie in cui vado peggio e chiedere la possibilità di un recupero. Tuttavia non so come approcciare. Sono venuto prima da lei perché nella sua materia non vado male. Magari altri professori avrebbero potuto interpretare il gesto come un tentativo di piaggeria (arruffianamento) e io non voglio peggiorare la mia già difficile situazione. Se io le dicessi le materie in cui vado male e lei mi consigliasse in che modo muovermi magari aumenteremmo le mie probabilità di riuscita».

Il segreto sta nell'indurre il professore-tutor a elargire dei consigli. Nel momento in cui ciò accadesse egli diventerebbe automaticamente un alleato.

Mi spiego meglio. Se mi chiedi un consiglio e io te lo do, nel momento in cui tu perdi ho perso anche io che ti ho consigliato. Nel momento in cui ti do un consiglio noi siamo alleati e io mi sentirò compartecipe dei tuoi successi così come dei tuoi insuccessi, quindi impegnerò tutto me stesso per riuscire insieme a te.

Se e quando il tutor si troverà un giorno nel collegio dei docenti e qualcuno comincerà ad attaccarti, egli stesso si sentirebbe attaccato e prenderebbe le tue difese.

A questo punto spiega sinceramente al tuo tutor il tuo andamento scolastico nelle altre materie. Elencale su un foglio e decidete insieme in che ordine andare a parlare con gli altri docenti allo scopo di chiedere anche la loro collaborazione.
Prima di congedarti chiedi al tutor la sua disponibilità. Chiedigli con che frequenza lo puoi incontrare, meglio se ti fissa un appuntamento ricorrente (ad es. tutti i giovedì alle 12 in biblioteca). Chiedigli come lo puoi contattare in caso di necessità (nei casi più fortunati ti potrebbe dare il numero di cellulare).

Cerca di capire, ove non ne fossi al corrente, se ci sono attriti tra il tutor e altri colleghi. È chiaro che quando andrai a parlare con docenti che vanno d'accordo con il tutor dirai che questi ti sta dando una mano per organizzarti. Quando invece andrai a parlare con docenti che non legano molto con il tutor eviterai di nominarlo.

Terzo step: affronta il professore più ostico
Dopo aver affrontato l'ostacolo più facile, ti consiglio di affrontare subito dopo quello più ostico. Di solito questo tipo di

professori non sono molto popolari neanche all'interno della classe dei docenti. Qualora non dovessi riportare un esito positivo dal confronto con questo professore, otterresti sicuramente la solidarietà dei suoi colleghi.

Decidi insieme al tuo tutor se è il caso presentarti da solo o se preceduto da un suo contatto. Tutto dipende dalla qualità del rapporto tra i due.

Ripeti anche a questo docente le cose che hai detto al primo.
«Ascolti professore... per una serie di motivi legati alla mia superficialità (evita la solita scusa della nonna malata, la sincerità a volte paga di più) quest'anno ho gestito male il mio tempo e mi sono impegnato poco e male a scuola. Non le sto qui a dire che ho avuto problemi familiari o quant'altro, del resto chi non ne ha alla mia età? Ho tuttavia capito che non posso perdere un anno scolastico, aggraverei la mia situazione personale e familiare. Ho deciso di porre riparo ai miei errori, ma forse è troppo tardi e comunque penso di non farcela da solo, senza un incoraggiamento, un sostegno da parte sua. Forse si starà chiedendo perché dovrebbe aiutarmi se finora me ne sono fregato della sua materia. Le rispondo dicendo che se mi dà una mano le darò le soddisfazioni che un docente spera di avere dai suoi ragazzi e contribuirò a far sì che la sua lezione venga disturbata meno possibile coinvolgendo anche gli altri compagni verso la collaborazione. Sono altresì certo che nel momento in cui riuscissi nella mia difficile risalita, potrei essere d'esempio per altri affinché decidano finalmente di impegnarsi.

Del resto non le porterò via molto tempo. Ho solo bisogno di un po' di aiuto nella pianificazione del lavoro che devo fare per recuperare nella sua materia. Sono certo che qualunque percorso, per quanto difficoltoso, se suddiviso in piccoli step e coadiuvato da una buona guida può diventare affrontabile.
Me la dà una mano?»

Se reciti bene questo copione hai, secondo me, un buon 80% di probabilità di ottenere appoggio dal tuo prof.

I principi della vendita
Quella che metti in atto quando reciti uno dei testi che ti ho scritto, non è altro che una vendita. Vendere, inteso come tentare di persuadere, è qualcosa che a modo tuo fai da una vita. È giunto però il momento, vista la posta in gioco, che tu impari alcuni fondamenti che riguardano l'arte della persuasione.

SEGRETO n. 16: la vera vendita comincia dal primo NO che ottieni. Il segreto del tuo successo dipenderà dalla tua abilità di farlo uscire allo scoperto e di gestirlo efficacemente.

Considera che nella vendita la possibilità di avere un SI alla prima richiesta è così bassa che i venditori professionisti non la tengono in considerazione. Per cui, se mentre tu parli il tuo interlocutore annuisce e sorride, probabilmente vuol dire che non teme in alcun modo che tu gli chieda o gli proponga qualcosa. Non teme di dover prendere una decisione a breve, tanto meno seduta stante. Vuol dire che si sta tenendo a distanza di sicurezza. Una delle nostre più forti paure recondite è quella di trovarci nella situazione di dover prendere decisioni. Da questo fondamentalmente dipende la paura di subire una vendita.

Dall'altro lato se di fronte al cliente abbiamo un venditore inesperto (quello che teme di ricevere il fatidico NO) che si tiene a distanza e gira anche lui intorno senza tentare mai di avvicinarsi alla conclusione, la vendita non si compirà mai spontaneamente.

Il venditore esperto sa quindi che la vendita comincia dal primo NO, che scaturirà quando il venditore farà capire che vuole vendere qualcosa al suo interlocutore. Solo quando questi dirà il suo primo NO, comincia la vendita e il venditore esperto a questo punto potrà cominciare a sfoderare i suoi strumenti professionali. Il primo di questi strumenti è la domanda: «Che cosa intende?»

Una domanda apparentemente sciocca e tanto più apparentemente sciocca quanto più era chiara la risposta precedente dell'interlocutore. Ma al venditore esperto non importa apparire momentaneamente sciocco. A lui importa concludere la vendita. Solo poi si porrà il problema di lasciare un'ottima immagine di sé e per fare ciò esistono altre tecniche.

Supponiamo allora che alla tua richiesta di aiuto il tuo prof. risponda: «Non ho tempo di aiutarti». A questo punto tu gli chiedi a tua volta: «**Che cosa intende?**» con la faccia di uno che non si aspettava una tale risposta (tipo faccia meravigliata). Quella domanda, troncata lì, potrebbe significare: «Ma come professore,

ci dice che a scuola ci si viene per studiare, che dobbiamo impegnarci per il nostro futuro e nel momento in cui uno studente comprende finalmente i "suoi" messaggi e decide di convertirsi alla "sua" filosofia, lei lo abbandona?»
Se io rispondessi con questa frase quasi certamente entrerei in polemica con il prof. e allora fine della vendita. Invece il mio «Che cosa intende?», espresso con una faccia meravigliata, dà al mio interlocutore la possibilità di cambiare idea e magari cedere o almeno di cercare di giustificare la sua posizione che in questo momento io ho reso con la mia domanda un tantino "fuori luogo".

Capisci ora cosa vuol dire: «Chi domanda conduce». La domanda «Cosa intende?» è la prima delle domande chiave per concludere una vendita.

A questo punto il prof. potrà:
1) Dire: «Vabbè... perché no... te la do una mano... ma attenzione a non deludermi anche questa volta»... GOAL!!!
2) Ribadire: «Non ho tempo, perché devo correggere i compiti, finire di interrogare, poi il pomeriggio a casa ho altre cose da fare... insomma non ho proprio tempo!» A questo punto abbiamo la certezza che la ragione esposta dal prof. è quella vera. Bene! La vendita si focalizza. Abbiamo trovato il vero ostacolo. A questo punto formuliamo la seconda domanda chiave per la conclusione di una vendita: «Ma se non ci fosse questo ostacolo lei ne vedrebbe altri o mi aiuterebbe?»
3) Rispondere: «Non mi sembra giusto nei confronti degli altri compagni dare a te un aiuto particolare». Abbiamo trovato un

ostacolo, sarà quello vero? Anche qui va usata la seconda domanda chiave: «Ma se non ci fosse questo ostacolo lei ne vedrebbe altri o mi aiuterebbe?»

4) Dire: «Chi mi dice che poi… ?» Questo potrebbe essere già un SI. Sta a te esplicitarlo in tal senso. Rispondi così: «Giusto prof, anch'io sono curioso di sapere come andrà a finire. Io ci metto tutto il mio impegno. Lasciamo che sia la vita a fornirci la risposta. Quando possiamo metterci all'opera?» Come vedi, prendo la sua risposta come un SI. A questo punto lui può fissarmi un appuntamento per cominciare o continuare con un'altra obiezione che io posso ricondurre di nuovo a uno degli altri punti.

5) Dire: «Devo chiedere al preside se si può fare senza trasgredire qualche regola». Anche questo lo prendo come un si condizionato e rispondo: «Bene professore. Le posso chiedere un favore? Intanto che lei, insieme al preside trova il modo più ortodosso per realizzare il "nostro" progetto, le posso chiedere quando ci possiamo vedere per cominciare il nostro lavoro?» Così facendo sto dando per scontato che lui insieme al preside trovino il modo di aiutarmi. È positivo in quanto, anche il preside viene a sapere che c'è uno studente che vuole darsi da fare. Chiedendo al prof. di fissare comunque un incontro, sto facendo uso di quella che, nella comunicazione subliminale, si chiama uso della presupposizione. L'ho fatto dicendo al prof: «Mentre lei e il preside trovate la forma giusta, intanto noi pianifichiamo il prossimo incontro». Quindi ho dato per scontato che il prof. e il preside riusciranno a trovare un modo. Nella mia risposta ho

usato un altro stratagemma: ho utilizzato la parola "nostro" progetto. In questo modo mando il prof. dal preside a perorare una causa che è anche la sua. Se il preside dicesse di NO la sconfitta sarebbe anche la sua.
6) Non è difficile ricondurre qualsiasi altra risposta ai punti precedenti. Basta poi un po' di creatività.

Abbiamo visto, in definitiva, che quando arriviamo alla seconda domanda chiave per chiudere la vendita («Ma se non ci fosse questo problema...?») stiamo portando mentalmente il nostro interlocutore al di là dell'ostacolo da lui creato. Fare questo sminuisce la dimensione dell'ostacolo stesso. Infatti, se un ostacolo è insormontabile io non riesco ad oltrepassarlo, ad andare dall'altra parte, neanche con la fantasia. Il mio gioco di parole, invece, l'ha portato come a sancire che l'ostacolo in esame non è insormontabile e che con un po' di buona volontà possiamo superarlo.

A questo punto potrei avere due possibili risposte dal prof:
1) «No, l'ostacolo è solo questo ma purtroppo...» (della serie è proprio insormontabile). A questo punto tu sorridendo rispondi: «Meno male. Almeno conosciamo il problema. Pensiamoci un attimo, sono convinto che sapremo trovare una soluzione. Per il momento grazie della sua disponibilità. Ci si vede a lezione». Come vedi ancora una volta faccio affidamento sul prof. e scarico su di lui la responsabilità di trovare una soluzione. Con la sua risposta lui voleva spegnere ogni speranza, mentre tu con il tuo sorriso e confidando su di

lui l'hai tenuta accesa, lasciando a lui l'incombenza di uscire dall'angolo in cui è stato messo.
2) «No, purtroppo l'ostacolo non è solo questo: c'è anche questo e quest'altro». A questo punto gli rispondi: «Capisco professore, è troppo tardi per me per non perdere l'anno. A questo punto lei cosa mi consiglia? Di ritirarmi e riprovarci l'anno prossimo?» Questo è un ultimo tentativo di caricare la responsabilità del mio problema totalmente sulle spalle del prof. Io penso che a questo punto nessun professore sarebbe veramente così stro... (...boscopico, ...finaccio, sostituisci i puntini come credi) da lasciarti nella me... (...lma).

Qualunque sia l'esito dell'incontro riporterai tutto al tuo tutor e organizzerai l'attacco al secondo prof. nella lista. Quando avrai parlato con tutti i tuoi docenti, ti consiglio comunque di parlare con il preside per riportare anche a lui le tue intenzioni e l'esito ottenuto.

Ti assicuro che se saprai portare dalla tua parte almeno la metà delle persone cui hai chiesto aiuto, il gioco sarà fatto. A questo punto potrai essere sufficientemente certo che il tuo sforzo nello studio sarà riconosciuto.

L'importante non è mostrare da subito risultati eccezionali nei compiti e nelle interrogazioni. L'importante è mostrare che stai studiando con impegno. Ogni volta che affronterai una prova non dimenticare alla fine di chiedere ai tuoi prof. un feedback dettagliato, magari non necessariamente davanti alla classe, ma in disparte puoi chiedere al prof. cosa ha trovato soddisfacente e cosa invece non lo ha soddisfatto. Puoi altresì chiedere: «Cosa mi consiglia per migliorare questo aspetto?»

Vuoi fare un figurone? Quando avrai cominciato a ottenere qualche miglioramento nei tuoi voti, comincia a fare la seguente cosa: inizia con il chiedere al tuo prof., alla fine della tua interrogazione, se gentilmente può esplicitare il voto che ti ha dato nelle seguenti voci al fine di permetterti di focalizzare meglio la tua preparazione e lavorare sugli aspetti da migliorare.

1) Livello di comprensione degli argomenti trattati (1… 10);
2) Completezza nella trattazione dei contenuti (1… 10);
3) Chiarezza dell'esposizione (1… 10);
4) Fluidità nell'esposizione (1… 10):
5) Altro………………………………………………… .

Puoi decidere insieme al tuo prof. se ci sono altri aspetti secondo lui da sottoporre a valutazione.

Ti posso assicurare che alla fine di questo esperimento oltre ad aver recuperato il tuo anno scolastico avrai raggiunto altri risultati importantissimi:
1) Avrai sviluppato una grande capacità di comunicazione e di persuasione e questo ti spianerà la strada nel futuro scolastico e lavorativo;
2) Avrai accresciuto il tuo carisma;
3) Avrai compreso il funzionamento della dinamica dei gruppi e

questo agevolerà il tuo successo nel mondo del lavoro;
4) Avrai migliorato il tuo metodo di studio e questo ti porterà ad avere certamente più successo nel proseguio dei tuoi studi;
5) Avrai imparato come si fa a espandere la propria sfera d'influenza e a prenderti la responsabilità dei tuoi risultati;
6) Avrai imparato a essere proattivo davanti alle difficoltà che la vita ti metterà davanti.

L'alleato più importante
Una volta che avrai conquistato alla tua causa i tuoi professori non ti rimane che rimboccarti le maniche e metterti in azione verso una delle conquiste che probabilmente ricorderai come una delle più avvincenti della tua vita.

Per avere successo nel tuo lavoro di conquista della posizione che meriti tra i migliori nella graduatoria della tua classe devi a questo punto conquistarti l'ultimo alleato: il libro.

La mia esperienza, di studente prima e di insegnante poi, mi insegna che i ragazzi non hanno un ottimo rapporto con i libri di testo. Di solito li approcciano saltuariamente in occasione di interrogazioni o compiti in classe.

Spesso gli stessi programmi delle materie non rispecchiano fedelmente il testo adottato e quindi magari si saltano capitoli e paragrafi. Il filo conduttore ultimo della materia rimane quindi il docente. E a questo punto abbiamo due situazioni:
1) Il docente non è sufficientemente preparato da riuscire a dare

allo studente quella visione d'insieme necessaria alla comprensione della materia;
2) Il docente è preparato, ma diciamo la verità... CHI è capace di seguirlo pedissequamente nelle sue spiegazioni dall'inizio alla fine dell'anno?

E allora ascolta bene questo consiglio...
SEGRETO n. 17: fai del tuo libro di testo il tuo migliore alleato. Il libro è sempre a tua disposizione, non pone vincoli di orari né di luogo, né si offende quando lo chiudi per riporlo.

Devi stabilire con lui un rapporto di fiducia, di complicità. Compralo nuovo. Lo so che i libri costano e comprandoli usati si risparmia, ma quanto costa di più il tempo perso? E che dire poi di coloro che fotocopiano solo gli argomenti necessari per la loro interrogazione?

A me piace sentire che il mio libro mi appartiene. Mi piace essere il primo che lo sottolinea e lo evidenzia. Mi piace che i commenti scritti sulle pagine siano pensieri miei e non di altri.

Ricorda: il tuo professore ti può spiegare le cose una volta e la sua chiarezza è legata al livello di comprensione che hai di quell'argomento e alle sue capacità di comunicare bene oltre che di motivarti all'ascolto.

Quando la tua attenzione cala e ti distrai perdi necessariamente pezzi della sua spiegazione e alla fine probabilmente sarà difficile comprendere la lezione fino in fondo.

E poi, diciamo la verità. Una volta che ti sei distratto o che non hai capito, te la senti di dire: «Professore non ho capito, può rispiegarmelo di nuovo?» E saresti capace di chiedere più volte una nuova spiegazione fino ad arrivare a capire tutto perfettamente? Non avresti forse paura di passare per uno duro di comprendonio mentre magari i tuoi compagni stanno facendo finta di aver capito?

Il tuo libro invece ti può spiegare le cose infinite volte. Quando non capisci o ti distrai puoi tornare indietro e rileggere da capo. Ove il testo non è chiaro puoi andare su internet e cercare spiegazioni alternative e poi tornare sul tuo libro.

La maggior parte dei libri di testo oggi in commercio sono a mio avviso molto validi, ben spiegati e compendiati di esercizi, schede di verifica e quant'altro possa essere utile per la comprensione dello studente. Ma come ogni libro che si rispetti per essere ben compreso deve essere necessariamente letto (e nel caso dei libri scolastici studiato) sequenzialmente in ordine, senza tralasciare nulla. Del resto se leggessi un giallo tralasciando ogni tanto delle pagine, difficilmente ne riusciresti a comprendere il senso.

Vuoi allora sapere come si scalza una credenza limitante quale quella «non sono all'altezza di capire»?

Scegli una materia che non hai mai studiato, di cui non capisci praticamente nulla, tipo botanica, entomologia, egittologia, tedesco, ...

Investi del tempo per cercare il più bel libro (o magari più di uno) in commercio, quello che ti piace di più come aspetto, come raffigurazioni, come gradualità di apprendimento.

Ti posso assicurare che puoi acquisire la conoscenza e la padronanza di qualunque materia, anche la più astrusa a condizione che tu riesca a trovare il LIBRO perfetto.

Cosa intendo per libro perfetto? Ma è facile. È quel libro che parla la tua lingua, capace di fornirti la sua scienza tramite una successione continua di piccoli, semplici passi, di lezioni, che ti guidino facilmente per mano verso la padronanza di quella materia.

Non ti è mai capitato di incontrare persone che andavano male a scuola ma erano grandi esperti di calcio, di musica, di politica o di borsa?

Cercati un settore, magari nutri già della curiosità verso qualche ambito. Comincia a leggere cose a riguardo, cerca su internet, comprati un bel libro a riguardo. Dimostra a te stesso che puoi diventare esperto di qualcosa.

Devi acquisire la consapevolezza che il tuo cervello, quando è stimolato opportunamente, sa dare elevatissime prestazioni, di comprensione, di analisi, di sintesi, mnemoniche.

Devi comprendere che:

SEGRETO n. 18: tu hai le capacità di diventare il solo responsabile del tuo apprendimento. Non avresti bisogno di docenti se diventassi capace di studiare sui libri.

Con ciò non sto dicendo che un docente non sia utile, anzi… Ma ti posso assicurare che sono riuscito a superare più di 80 esami universitari quasi esclusivamente con l'ausilio dei libri di testo. Ho poi "sfruttato" i docenti (quelli preparati) per ottenere quella visione d'insieme della materia che viene dall'esperienza di chi la studia da anni.

Massive Action
Voglio chiudere questo capitolo con il richiamo all'ingrediente più importante della ricetta del tuo successo scolastico, tanto importante da essere da me indicato in prima posizione: il **massimo impegno nello studio**. È quell'ingrediente che anche il primo formatore al mondo nell'ambito dello sviluppo personale, Antony Robbins, mette al centro della sua ricetta: massive action, l'azione massiccia.
Non ti rimane che iniziare il tuo allenamento allo studio. Ti posso assicurare che nel momento in cui riuscirai a demolire quello strato di ruggine creato negli anni dalla tua pigrizia, otterrai grande soddisfazione e tanta nuova motivazione ad andare avanti

verso il raggiungimento del tuo successo personale.

RIEPILOGO DEL CAPITOLO 4:
- SEGRETO n. 14: Nulla può dare maggiore soddisfazione a un professore che riuscire a portare al successo scolastico uno studente che sembrava mediocre.
- SEGRETO n. 15: Gli ingredienti della ricetta del tuo successo scolastico sono: impegno massimo nello studio, rottura di schema, fiducia da parte del tuo prof., fedeltà con l'impegno preso, coinvolgimento del tuo prof. nel processo e feedback.
- SEGRETO n. 16: La vera vendita comincia dal primo NO che ottieni. Il segreto del tuo successo dipenderà dalla tua abilità di farlo uscire allo scoperto e di gestirlo efficacemente.
- SEGRETO n. 17: Fai del tuo libro di testo il tuo migliore alleato. Il libro è sempre a tua disposizione, non pone vincoli di orari né di luogo, né si offende quando lo chiudi per riporlo.
- SEGRETO n. 18: Tu hai le capacità di diventare il solo responsabile del tuo apprendimento. Non avresti bisogno di docenti se diventassi capace di studiare sui libri.

Conclusione

La mia più grande fatica nello scrivere questo libro è stata quella di sintetizzare in poco più di 100 pagine un libro che nella prima stesura superava le 300. Ho abbracciato volentieri le idee guida dell'editore che vogliono degli ebook snelli, essenziali ed efficaci.

Ora che ho terminato questo lavoro sono convinto che se ti impegnerai a seguire pedissequamente quanto ho scritto il tuo successo non si fermerà all'ambito scolastico ma andrà ben oltre.

Sarò comunque sempre ben felice di ricevere il tuo feedback sulla lettura di questo libro e di fornirti ulteriori consigli. Da oggi il tuo obiettivo diventa anche mio.

Cordialmente.
Valter Romani

www.ingramcontent.com/pod-product-compliance
Lightning Source LLC
Chambersburg PA
CBHW050917160426
43194CB00011B/2446